Nik Golder

Acrylmalerei
GRUNDKURS

frechverlag

Inhaltsverzeichnis

Das Material .... Seite 4

Farblehre .... Seite 12

Von der Farbtheorie zur Malerei .... Seite 19

Malerischer Beginn .... Seite 23

Stilleben mit Äpfeln, Zitronen und Karaffe .... Seite 25

Malen von Gegenständen im Stilleben .... Seite 31

Stilleben mit Blumen und Äpfeln,
Impressionistisches Malen .... Seite 35

Uferlandschaft .... Seite 39

Allee, *Malen mit einzelnen Pinselstrichen* .... Seite 44

Jagstlandschaft, *Malen im Freien* .... Seite 49

Im Gebirge, *Aquarellartig malen* .... Seite 54

Stilleben mit Flaschen, *Experimentelles Malen* .... Seite 58

Rahmung .... Seite 62

Foto: frechverlag GmbH + Co. Druck KG, 70499 Stuttgart; Nik Golder

Auflage: 5. 4. 3. 2. 1. | Letzte Zahlen
Jahr: 2002 2001 2000 1999 98 | maßgebend

frechverlag GmbH + Co. Druck KG, 70499 Stuttgart

ISBN 3-7724-2397-3 · Best.-Nr. 2397

Druck: frechverlag GmbH + Co. Druck KG, 70499 Stuttgart

Acrylmalerei

GRUNDKURS

Im Vergleich zu den anderen Techniken der bildenden Kunst bietet uns die Acrylmalerei praktisch unbegrenzte Möglichkeiten. Die Farben sind schnelltrocknend, einfach und sicher zu handhaben. Dank der elastischen Eigenschaften sind Acrylfarben auch in beliebiger Schichtdicke und in jedem Farbauftrag von der schweren pastosen Malerei bis hin zum feinsten Pinselstrich verarbeitbar. Dadurch kann die Acrylmalerei unterschiedlichste Wirkung, von der Leichtigkeit und dem Charme eines Aquarells bis hin zum üppigen Reichtum eines Ölgemäldes, erzielen. Acrylfarben können unbegrenzt vermalt werden. Das bedeutet, daß Ihre Studie, Ihr Bild für alle Verbesserungen und Korrekturen offen bleibt. Diese speziellen Eigenschaften von Acrylfarben ermöglichen Ihnen einen schnellen und unproblematischen Einstieg in die Malerei, so daß schon Ihre ersten Bilder von Erfolg gekrönt sein werden.

Für alle, die sich der Malerei widmen, seien es Hobbymaler oder professionelle Künstler, ist daher die Acrylmalerei eine äußerst interessante Technik. Besonders empfehle ich die Acrylmalerei all denen, die gerade ihre ersten Schritte in der Malerei machen, aber auch Fortgeschrittenen mit Erfahrung in anderen künstlerischen Disziplinen wie Zeichnen, Modellieren usw. sowie Kunststudenten.

In diesem Buch mache ich Sie mit einigen wichtigen theoretischen Prinzipien vertraut, erkläre grundsätzliche technische Möglichkeiten, und durch viele Bildbeispiele übertragen wir diese Grundlagen gemeinsam Schritt für Schritt in die Praxis.

Ich wünsche Ihnen dabei viel Freude und heiße Sie in der faszinierenden Welt der Acrylmalerei willkommen.

Nik Golder

Das Material

Acrylfarben

Acrylfarben wurden schon Anfang 1930 entwickelt, jedoch zunächst nur industriell als Fassadenfarben um 1950 in den USA hergestellt. Als Künstlerfarben kamen sie erst in den 60er Jahren auf den europäischen Markt.

Die sogenannten Acrylatbinder erwiesen sich dabei als das bisher beste Bindemittel für Malfarben. Die Farben bestehen aus drei Komponenten: Bindemittel (Acrylat), Pigment und Wasser. Sie trocknen ohne Oxidation nur durch Verdunstung des Wasseranteils zu einem permanenten Film, der praktisch auf jeder Unterlage haftet. Dieser Film ist wasserdampfdurchlässig, nicht verseifbar und weitgehend chemikalienbeständig. Dadurch sind die Acrylfarbschichten elastisch, aber dennoch hart, höchst alterungsbeständig und sehr haftfest.

Wahl der Farbe

Künstleracrylfarben sind in Tuben, Dosen, Gläsern, Flaschen und Eimern im Handel erhältlich. Sie werden von verschiedenen Herstellern produziert, und das Angebot ist unwahrscheinlich groß, eigentlich schon zu groß.

Die folgenden Ratschläge sollen Ihnen helfen, praktisch, vernünftig und preisgünstig einzukaufen. Für den Anfang sind die sogenannten Studienfarben ausreichend. Diese sind meist in größeren Dosen, Flaschen oder Spritzflaschen erhältlich und preisgünstiger, haben aber auch einige Nachteile: Der Wasseranteil ist höher und damit die Farbe flüssiger. Dadurch haben die Farben eine längere Trockenzeit, was beim Malen stört, wenn Sie Ihren Farbauftrag reich strukturieren möchten.

Beim Kauf solcher Studienfarben beachten Sie bitte immer den Flaschenverschluß. Er sollte dicht schließen und sicher zu handhaben sein, weil sonst die Farbe im Behälter trocknet und nicht weiter zu verwenden ist. Ich rate Ihnen ab, Studienfarben in Gläsern zu kaufen. Um diese Farbe auf Ihre Palette aufzutragen, benötigen Sie zusätzlich eine Spachtel o.ä. Dies stört bei der Arbeit und verursacht unnötigen Farbverbrauch. Auf jeden Fall empfehle ich Ihnen, Weiß in einem größeren und damit auch preisgünstigerem Behälter - am besten in einer Spritz- oder Plastikflasche (siehe Foto) - zu kaufen, da man Weiß viel häufiger als alle anderen Farben benötigt. Die hochwertigen Künstlerfarben in Tuben sind zwar teurer, aber zweifellos besser. Beim Kauf solcher Farben beachten Sie bitte folgendes: Je größer die Öffnung der Tube bzw. das Gewinde des Deckels, desto besser. Kleinere Öffnungen verstopfen schnell, und die Farbe in solchen Gefäßen trocknet dann aus und kann nicht wieder verwendet werden. Große Deckel können Sie auch sehr leicht abschrauben, und außerdem ist es sehr praktisch, diese Tuben auf dem Deckel Ihres Farbkastens oder auf Ihrem Tisch während der Arbeit abzustellen.

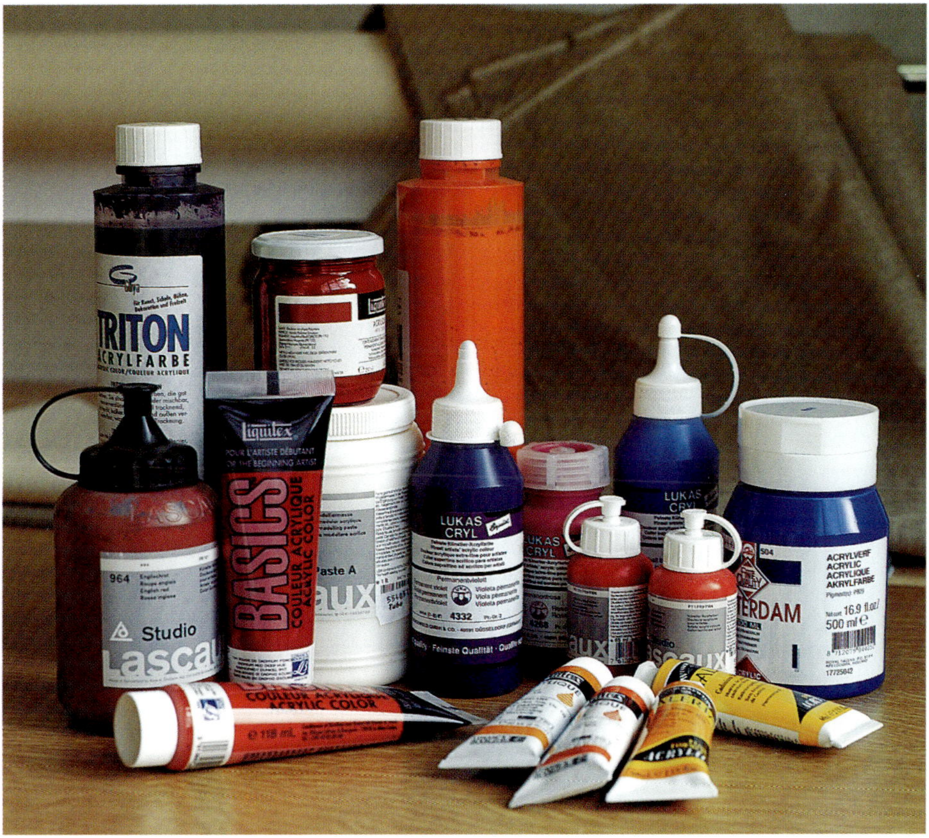

Für diejenigen, die bereits Erfahrung mit Ölfarben haben, ist zu beachten, daß nicht alle Acrylpigmente farblich mit gleichnamigen Ölpigmenten übereinstimmen, besonders die Erdfarben.
Bei der Wahl der Farben können Sie sich auf folgendes Angebot begrenzen:

- ✗ 2-3 gelbe Farben: Zitronengelb und Warmgelb am besten auf Kadmiumbasis.
- ✗ 2-3 rote Farben: z. B. Kadmiumrot mittel, Brilliantrot dunkel oder Krapplack und Purpur.
- ✗ 3-4 blaue Farben: Ultramarin, Preußischblau, Kobaltblau und z. B. Purpurblau brillant.
- ✗ 1-2 Farben aus dem violettem Bereich, da diese nicht immer mit anderen Farben zu ersetzen sind.
- ✗ Folgende Erdfarben: Ocker, Siena natur, Siena gebrannt und Umbra natur.
- ✗ Weiß in einem größeren Behältnis.

Die Farbe Schwarz ist nicht unbedingt notwendig, ebenso wie die sogenannten „Metallic-Farben" und Pastelltöne. Auf

die Farben im orangen und grünen Bereich können Sie ganz verzichten, da diese leicht mischbar sind. Nur wenn Sie im Sommer im Freien arbeiten, empfehle ich Ihnen, doch ein paar grüne Farben dabeizuhaben, um sich das Mischen zu erleichtern.
Insgesamt haben Sie dann ungefähr ein Dutzend verschiedene Farbtöne, die für den Anfang völlig ausreichen. Die Nennung von genaueren Farbzusammensetzungen ist nicht möglich, denn oft haben gleiche Farben bei verschiedenen Produzenten eine andere Bezeichnung, und oft haben sogar Farben mit gleichem Namen je nach Fabrikation einen ungleichen Farbton.
Wichtig zu wissen ist noch, daß alle Acrylfarben und diverse Malmittel untereinander mischbar sind.

Malhilfsmittel

Das Angebot von diversen Hilfsmitteln im Handel ist so groß, daß es für den Anfänger völlig unübersichtlich zu sein scheint. Daher schildere ich in diesem Grundkurs-Buch die wichtigsten Materialien, die Sie gebrauchen können, besonders ausführlich.
Die in diesem Kapitel beschriebenen Malmittel sind - in den richtigen Mengen - mischbar mit allen handelsüblichen Acrylfarben, qualitativ hochwertig und können dadurch Ihre Möglichkeiten beim Malen um einiges erweitern.

Spachtelmassen

braucht man, um eine Untergrundstruktur zu erzeugen und Gegenstände wie Holz, Steine, Plastik, Metall, Stoffe usw. rißfrei einzubetten. Diese Techniken werden im Kapitel Strukturen in der Acrylmalerei (Seite 22) genauer beschrieben. Die Spachtelmassen lassen sich auch während des Malvorgangs mit Farben mischen, um einen dickeren, korpulenteren Farbauftrag zu erzeugen. Der originale Farbton verändert sich dabei kaum. Die Spachtelmassen sind beliebig übermalbar. Diese Technik wird meist in der mehrschichtigen Malerei verwendet.
Man unterscheidet folgende handelsübliche Spachtelmassen: Strukturpasten, Modelling Pasten und Struktura. Struktura wird in die drei Gruppen A, B und C unterteilt, zwischen denen es prinzipiell keine großen Unterschiede gibt. Paste C ist etwas leichter und läßt sich, wie A, sehr gut mit Farben mischen. Paste B unterscheidet sich dadurch, daß sie zu 1/3 Quarzsand enthält. Wenn Sie wollen, können Sie Sand jeder Sorte selbst beimischen. Ich verwende ausschließlich Paste A. Weitere Hinweise zum Umgang mit Spachtelmasse finden Sie im Kapitel Strukturen in der Acrylmalerei (Seite 22).

Verzögerer

ist eine transparente, dicke Flüssigkeit, die meistens in Flaschen erhältlich ist. Durch die Zugabe dieser Mittel wird die relativ rasche Trocknung der Farbe verzögert. Alle Verzögerer sind mit Wasser mischbar und beeinträchtigen nicht die Qualität und die Intensität der Farbe. Geben

Sie jedoch Ihren Farben nicht mehr als 20 bis 25% bei. Verzögerer ist gut bei Lasierungen geeignet. Wenn Sie bei warmem und trockenem Wetter draußen malen, fügen Sie grundsätzlich allen Farben auf Ihrer Palette ein paar Tropfen Verzögerer bei.

Acrylfirnis
wird je nach Hersteller Jel-Pastos-Medium, Schlußfirnis, Fixativ oder Transparentlack genannt. Firnis kann nach vollständiger Trocknung der Farbe als Schlußfirnis verwendet werden, um die Beständigkeit der Farben gegen UV-Strahlung, mechanische und chemische Einflüsse zu erhöhen. Sie können zwischen seidenglänzenden, matten und glänzenden Lacken wählen.

Andere Malmittel
Weitere Malmittel, die im Handel angeboten werden, empfehle ich Ihnen für den Grundkurs nicht. Es ist wichtig, daß Sie sich im Anfangsstadium nicht überlasten und Ihr Maltisch nicht zu voll ist. Erst im fortgeschrittenen Stadium und wenn Sie in der Anwendung von Farben und Verzögerer sicher sind, können Sie sich mit weiteren Malmitteln befassen.

Malutensilien

Auch hier gibt es eine riesige Auswahl im Handel. Für den Anfang wählen wir nur einige wenige, tatsächlich nötige Dinge. Neben Paletten mit Palettsteckern gehören dazu Spachteln und natürlich Pinsel.

Die Palette

Für die Acrylmalerei braucht man eine Palette mit einer maximal glatten Oberfläche. Sie muß absolut wasserbeständig, stabil, leicht und handlich sein. Die klassische, lackierte Holzpalette, die sehr gut für Öl geeignet ist, ist also für die Acrylmalerei nicht zu empfehlen, da trockene Farbreste nur sehr schwer entfernt werden können. Porzellanpaletten sind zu massiv, und die sogenannten Abreißpaletten verziehen sich zu stark vom Malwasser. Besser geeignet sind leichte Kunststoffpaletten (siehe Foto, Seite 7) mit erhöhtem Rand. Ohne diesen Rand würde Malwasser auf den Boden oder auf Ihre Kleidung fließen, wenn Sie die Palette in der Hand halten. Liegt die Palette ausschließlich auf Ihrem Maltisch, genügt auch eine Scheibe Glas, dessen Oberflächenstruktur ideal für Acrylfarben ist.

Die Wahl der Palette ist sehr wichtig und natürlich auch sehr individuell, entscheiden Sie sich darum erst nach etwas Erfahrung für Ihre persönliche und endgültige Palette. Für den ersten Anfang mögen ein Plastikeimerdeckel, ein Kunststoffteller oder eine Glasscheibe (auch Plexiglas) genügen.

Einen Palettstecker, der höchstens für den Verzögerer verwendet wird, benötigt man sehr selten.

Die Pinsel und Spachtel

Für die Acrylmalerei eignen sich am besten flache, aus Natur- oder Kunststoffhaar gefertigte Pinsel. Aquarellpinsel sind zu weich, und grobe Borstenpinsel, die in der Ölmalerei Verwendung finden, eignen sich höchstens für eine intensive Strukturierung der Maloberfläche. Beginnen Sie mit zwei bis drei Pinseln, am besten Nr. 8-14.

Zur Aufbewahrung und zum Transport der Pinsel empfehle ich Ihnen ein spezielles Pinselmäppchen (Bambusmatte). Dadurch bleiben die Haare und Borsten gut in Form.

Spachtel und Malmesser benötigen Sie, um Farben zu mischen, aufzutragen oder von der Palette zu entfernen. Andere Anwendungen von Malmessern z. B. bei der Spachtelmalerei sind im Kapitel Strukturen in der Acrylmalerei (Seite 22) beschrieben. Fürs erste genügt eine mittelgroße Spachtel mit abgerundeter Spitze (siehe Foto, Seite 7).

Maluntergrund

Als Maluntergrund sind alle guten, malbereiten Maltücher, grundierte und gespannte Leinwände und Malpappen geeignet. Man kann aber auch ohne besondere Grundierung auf allen festen, gesunden und wenig bis nicht saugenden Bildträgern malen.

Leinwand

Von den im Handel angebotenen grundierten Leinwänden empfehle ich Halbkreide oder magere Untergründe. Wenn Sie Ihre Leinwand selbst grundieren möchten, können Sie eine fertige Grundierung für Acrylfarben erwerben. Oder Sie benutzen statt dessen einfach Studi-

en-Acrylfarbe. Für erste Studien genügt auch eine Wand-Acrylfarbe (Vollton- und Abtönfarbe). Grundieren Sie zweimal mit einem breiten Borstenpinsel, und achten Sie darauf, daß die Grundierung das Maltuch dicht und gleichmäßig deckt.

Malkarton

Als Malkarton bezeichnet man ein auf stabile Pappe aufgespanntes und grundiertes Maltuch. Malkartons sind preisgünstig, praktisch und für Anfänger ausreichend.

Andere Maluntergründe

Ihr Bildträger können auch Holz-, Span- oder Holzfaserplatten sein. Diese Materialien müssen jedoch zuerst imprägniert werden. Dazu verwendet man verdünnten Acryllack, der mit feinem Sandpapier leicht angeschliffen wird. Danach grundiert man am besten ein- bis zweimal mit Studio-Acrylfarbe, die mit ca. 25% Wasser verdünnt wird. Vergessen Sie bitte folgendes nicht: Je saugender der Untergrund ist, desto dünner muß die Farbe des ersten Auftrags sein, um eine gute Verankerung der Grundierung zu erreichen. Ihr Untergrund muß unbedingt fettfrei sein. Beim Trocknen nehmen die Acrylfarben durch Verdunstung des Wasseranteils an Volumen ab. Dadurch unterliegen Farbschicht und mit dieser auch der Bildträger einer höheren Spannung. Bei nicht gespannten Bildträgern (Papier, dünner Karton, Stoff usw.) kann dies beim fertigen Bild zu Beulen führen.

Ihr Arbeitsplatz

Die Organisation Ihres Arbeitsplatzes spielt bei der Malerei eine große Rolle. Es ist wichtig, daß Sie sich beim Malen in guter und konzentrierter Stimmung befinden. Ich gebe Ihnen in diesem Kapitel einige nützliche Ratschläge, die Ihnen helfen, Ihren Arbeitsplatz sinnvoll zu organisieren.

Staffelei

Eine Staffelei ist kein Möbelstück, sondern Ihr Werkzeug. Verzichten Sie also auf Eleganz, und überprüfen Sie statt dessen die Stabilität. Der Handel bietet leichte, schön anzusehende Feldstaffeleien aus Holz an, die leider viel zu kompliziert sind und keinen sicheren Stand bieten.

Probieren Sie also die Staffelei aus, bevor Sie sie erwerben. Feldstaffeleien aus Metall sind meist einfacher, sicherer und stabiler. Achten Sie darauf, daß man bei der Staffelei den Winkel der Bildhaltung beim Malen verstellen kann.

Bei der Arbeit im Freien sollte Ihre Staffelei zusätzlich mit Malkoffer und einer Arbeitsplatte vorne ausgerüstet sein.

Malvorbereitung

An Ihrem Arbeitsplatz benötigen Sie neben der Staffelei einen kleinen Tisch, besser noch einen Rolltisch, auf dem Ihre Utensilien Platz finden. Auch Ihre Palette sollte genügend Platz auf dem Tisch haben.

Beim Auftragen von Farbe auf die Palette achten Sie darauf, daß Sie immer genug Platz für Mischungen lassen. Ich plaziere die zu mischenden Farben immer in der gleichen Ordnung.

Versuchen Sie, Ihren Malprozeß so zu gestalten, daß Sie sich vollkommen auf das Bild konzentrieren können und ein Minimum an Störfaktoren haben.

Die Rolle der Beleuchtung

Die richtige Beleuchtung ist ein Schlüssel zu Ihrem Erfolg. Am besten arbeiten Sie tagsüber, denn nur bei Tageslicht ist der absolut richtige und eigene Farbton der Farbe optisch wahrnehmbar. Ist eine Arbeit bei Tageslicht nicht möglich, führen Sie sich folgendes Gesetz vor Augen: Je wärmer die Beleuchtung ist, desto wahrscheinlicher ist es, daß dieselben warmen Töne in Ihrem Bild fehlen werden und umgekehrt. Auch ein intensiver Farbton Ihrer Wände (Anstrich, Tapete) beeinflußt nach demselben Prinzip Ihre Malerei.

Beim Malen im Freien suchen Sie sich einen schattigen Platz. Zu starkes Sonnenlicht reflektiert auf Ihrem Bild (besonders auf weißer Leinwand) und blendet. Außerdem stört es Sie bei der richtigen Einschätzung der Farbtöne.

Beim Malen z. B. eines Stillebens im Studio oder zu Hause plazieren Sie Ihre Staffelei so, daß Sie gleichzeitig Bild und komponierte Gegenstände im Blick haben. Ihre pinselführende Hand darf keine störenden Schatten auf das Bild werfen. Beobachten Sie den Fortschritt Ihrer Arbeit zwischendurch aus größerer Entfernung, indem Sie aufstehen und einige Schritte zurück gehen. Es kann sehr hilfreich sein, ein unvollständiges Gemälde neben die Stilleben-Komposition zu stellen oder es bei einer anderen Beleuchtung zu betrachten. Solche regelmäßigen Kontrollen helfen Ihnen, frühzeitig Fehler zu erkennen.

Reinigung der Utensilien

Vergessen Sie niemals, ein Glas Wasser auf den Tisch zu stellen, denn Acrylfarben trocknen auf dem Pinsel, dem Spachtel und den anderen Arbeitsgeräten genauso schnell wie auf dem Malgrund. Pinsel und Malmesser, die mit Farbe in Berührung gekommen sind, müssen deshalb sofort ins Wasser gestellt und gereinigt werden. Einmal getrocknete Acrylfilme lassen sich nur mit scharfen Lösungsmitteln wie Nitroverdünnung anquellen und lösen. Verklebte Tubenverschlüsse lassen sich durch Eintauchen in heißes Wasser wieder gängig machen. Farbreste, die Sie während oder nach der Arbeit nicht mehr benötigen, werden mit Spachtel oder Messer von der Palette entfernt. Es ist fast nicht möglich, die Palette ständig sauber zu halten. Lassen Sie sie einfach einige Zeit liegen. Die „Restfarbschichten“ wachsen und lassen sich nach einigen Tagen wie ein dicker Film abziehen. Ich selbst arbeite an einem Rolltisch, der mit einer zusätzlichen Tischplatte mit Plastikoberfläche versehen ist. Diese Oberflächen-Palette reinige ich vier- bis sechsmal im Jahr.

Farblehre

Den theoretischen Teil dieses Buches habe ich auf das Notwendigste beschränkt. Eine kurze, konzentrierte Einleitung ist jedoch nötig, um wichtige Prinzipien zu verstehen. Zudem ist man beim Besprechen der Bilder auf eine gewisse Farbsprache angewiesen. Die praktischen Übungen, die ich Ihnen dabei zeige, sind für Sie zum Einstieg in die Acrylmalerei hilfreich.

Spektrum und Farbkreis

Weißes Licht, also Tageslicht, das durch ein glasklares Prisma fällt, wird in sechs Spektralfarben zerlegt. Alle diese Farben, wenn man sie auf einer Linie anordnet, bilden ein Spektrum.

In der Farblehre arbeitet man am besten mit dem Farbkreis. Der Farbkreis ist nichts anderes als ein Spektrum in Ringform (siehe Abbildung). Der Farbkreis besteht aus den drei Grundfarben Gelb, Rot und Blau und den restlichen Farbtönen, die durch die Mischung dieser Grundtöne entstehen.

Einige wichtige Begriffe

Primärfarben
Unter Primärfarben versteht man genau diese drei Basis- oder Grundfarben Gelb, Rot und Blau. Rein theoretisch können wir mit diesen drei Primärfarben und Weiß alle anderen Farbtöne des Farbkreises, sogar alle anderen Farbtöne der Malerei nachmischen.

Sekundär- und Tertiärfarben
Ergebnisse der Mischung von zwei Primärfarben nennt man Sekundärfarben (siehe Abbildung). So ergeben beispielsweise Blau und Gelb Grün; Rot und Gelb ergeben Orange. In diesen Fällen sind also Grün und Orange Sekundärfarben.
Eine Mischung zwischen einer Sekundärfarbe und einer im Farbkreis nebenstehenden Primärfarbe ergibt die sogenannte Tertiärfarbe. So ergibt das Mischen von Grün und Blau Türkis usw.
Malen Sie nun mit den Farben auf Ihrer Palette den Farbkreis.
Nach dieser kurzen Einführung können wir den nächsten Schritt zu den Komplementär- und den gebrochenen Farben gehen.

Komplementärfarben
Die im Farbkreis einander genau gegenüberliegenden Farben nennt man Komplementärfarben. Das Nebeneinandersetzen von Komplementärfarben in einem Bild erzeugt maximale Kontraste, denn der farbige Gegensatz ist bei Komplementärfarben am größten. Komplementärfarben sind z. B. Blau und Orange, Rot und Grün.

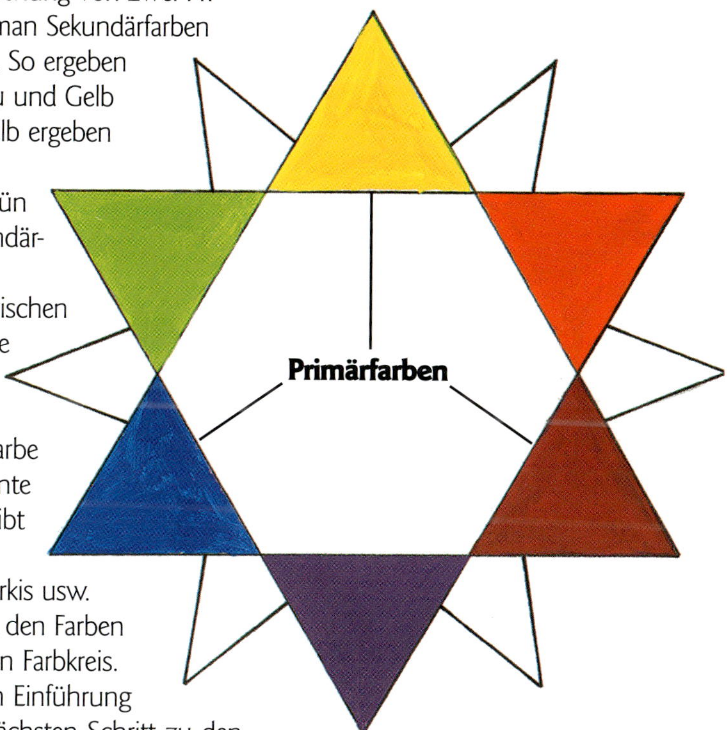

Kalte und warme Farben

Diese Begriffe sind recht kompliziert, in der Malerei aber sehr wichtig. Sehen wir uns das Spektrum auf Seite 12 an, so kann man pauschal sagen, daß die ungefähr im linken Bereich des Farbkreises liegenden Farben (Orange, Gelb, Gelbgrün) als warm bezeichnet werden, die eher rechts liegenden (Blautöne) als kalt.

Andererseits ist die Bezeichnung warm - kalt oder kalt - warm in der Malerei immer relativ. Die Kurve, die über das in einer Linie dargestellte Spektrum (siehe Abbildung unten) gezeichnet ist, macht uns die „Wärme" der Farbe graphisch klar. Im Abschnitt „Kalt-Warm-Kontrast" auf Seite 17 gehen wir auf dieses Phänomen noch genauer ein.

Lokalfarbe

Unter Lokalfarbe versteht man die eigene Farbe eines Gegenstandes ohne die verschiedenen Einflüsse wie z. B. starkes oder schwaches Licht, Reflex, Schatten, Spiegelung, usw. Die optische Wahrnehmung eines Gegenstandes, die diesen Einflüssen unterliegt, unterscheidet sich fast immer von seiner Lokalfarbe.

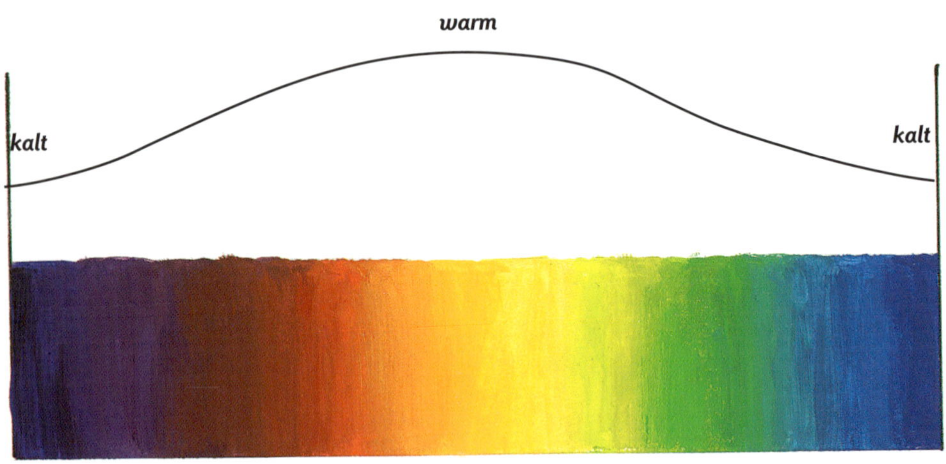

Tonwert

Der Tonwert ist der Helligkeitswert einer Farbe. Die hellste Farbe ist Weiß, die dunkelsten Farben sind Schwarz und Dunkelviolett. Auf der Abbildung rechts sehen Sie sechs Tonwerte, die durch Mischen von schwarzer und weißer Farbe entstehen. Selbstverständlich können verschiedene Farben den gleichen Tonwert besitzen. Es ist außerordentlich wichtig, den Tonwert einer Farbe beim Malen zu erkennen. Tonale- oder Hell-Dunkel-Verhältnisse sind vor allem für die Wahrnehmung von Form und das Erkennen von Räumlichkeit verantwortlich.

Um tonale Kontraste und Verhältnisse richtig im Bild umzusetzen, bedarf es, besonders beim Arbeiten nach der Natur, Erfahrung und ein geschultes Auge. Sie können jetzt schon einen Schritt in diese Richtung unternehmen: Nehmen Sie ein Blatt dickeres Papier, und tragen Sie darauf alle möglichen Farben Ihrer Palette auf. Wenn die Farben trocken sind, schneiden Sie aus dem bemalten Blatt Scheiben im Durchmesser von 2 cm bis 3 cm, und versuchen Sie, jede Farbe für sich oder gruppenweise nach ihrem jeweiligen Tonwert einzuordnen.

Eine Schwarz-Weiß-Fotografie, die die Farben in ihren Tonwerten anzeigt, kann Ihnen sagen, ob Ihre Zuordnung richtig war.

Kontraste

Kontraste spielen in der bildenden Kunst eine sehr wichtige Rolle. Um über ein Bild sprechen zu können und um in der Lage zu sein, es zu analysieren, und vor allem, um zu malen, braucht man erst theoretische und dann praktische Erfahrungen mit Kontrasten.
Man unterscheidet folgende Kontraste:

1. Komplementär- oder Farbkontrast

Darunter versteht man den Kontrast zwischen zwei komplementären Farben, die im Farbkreis einander genau gegenüberliegen. Komplementäre Kontraste haben in der Regel eine sehr starke Wirkung. Richtig und harmonisch eingesetzte Farbkontraste sorgen für eine abwechslungsreiche und lebendige Farbkomposition. Ihr falscher Einsatz kann Ihr Bild disharmonisch und unruhig machen. Farben im Kontrast stützen und verstärken einander. So läßt die Anwesenheit von grüner Farbe in einem rötlichen Bildfragment die roten Farbtöne intensiver erscheinen, und sie akzentuiert ihren Klang.

2. Tonwertkontrast

Der Tonwertkontrast ist ein Kontrast zwischen Hell und Dunkel unabhängig vom Ton der Farbe. Rot und Grün liegen tonal sehr nah aneinander. Anders ausgedrückt: Die beiden Farben sind in etwa gleich hell oder gleich dunkel. Der Komplementärkontrast zwischen Gelb und Violett ist gleichzeitig starker Tonwertkontrast (siehe Abbildung), denn die gelbe Farbe ist wesentlich heller als die violette.
Selbstverständlich entstehen Tonwertkontraste auch innerhalb einer Farbe, wie z. B. bei Dunkelgrün und mit Weiß aufgehellter Hellgrün. Eine besonders wichtige Rolle spielen die Tonwertkontraste bei dem Übergang von Licht und Schatten im Bild.

Das Aufhellen einer Farbe mit Weiß kann für uns sehr hilfreich sein, um Kontraste besser verstehen zu können.
Auf der Abbildung rechts sehen wir auf der linken Seite fünf verschiedene Farben, die sehr intensiv und kontrastvoll sind. Das Aufhellen dieser Farben setzt die Kontraste herab.
Versuchen Sie einmal selbst, die dadurch entstehenden Kontrastveränderungen zu analysieren und zu beschreiben.

3. Kalt-Warm-Kontrast

Das Eindringen von Weiß in die hier besprochenen Farben verändert auch die Wärme der Farbe. Dadurch entstehen andere Kalt-Warm-Verhältnisse. Vergleichen Sie auf der Abbildung auf Seite 16 die Komplementärkontraste und den Kalt-Warm-Kontrast zwischen Orange und Blau (hier herrscht gleichzeitig ein sehr starker Kalt-Warm-Kontrast) und zwischen Rot und Grün, wo der Kalt-Warm-Kontrast wesentlich schwächer ist.
Eine besondere Rolle spielen diese Farbkontraste sogar bei ganzen Farbpartien (Abbildung links). Durch das Aufhellen der Farben mit Weiß werden auch die Kalt-Warm-Kontraste reduziert.

4. Gebrochene Farben

Gebrochen werden in der Malerei Mischungen genannt, bei denen zwei komplementäre Farben verwendet werden, die im Farbkreis einander gegenüber oder ungefähr gegenüber stehen. Diese Mischungen brechen die Intensität der Farben. Dadurch entstehen oft sehr interessante Farbtöne (Abbildung unten).

Probieren Sie es selbst aus. Ich rate Ihnen zu folgendem Experiment: Versuchen Sie, aus der einen oder anderen Mischskala Farbauszüge zu machen und sie dann mit Weiß aufzuhellen. Was entsteht dadurch? Gebrochene Farben sind optisch verwandt mit Erdfarben (Abbildung rechts oben).

5. Erdfarben

Erdfarben werden fast ausschließlich aus eisenoxidhaltigen Erden, Eisengesteinen und erdiger Braunkohle gewonnen. Nur rein theoretisch sind sie durch das Mischen von Farbkreisfarben zu ersetzen. Einige Künstler, wie beispielsweise die französischen Impressionisten, haben versucht, auf diese Farben zu verzichten. Die Praxis zeigt jedoch, daß Erdfarben nicht nachzumischen sind. Vor allem für Lasurtechniken sind einige Erdfarben unersetzlich. Zu den Erdfarben gehören vor allem: Ocker, Terra di Siena, Siena natur und gebrannt, Umbra natur und gebrannt, Umbra grünlich und Vandyckbraun.

Von der Farbtheorie zur Malerei

Nachdem wir über Material und Farblehre gesprochen haben und Sie einige praktische Übungen gemacht haben, lernen wir nun wichtige Eigenschaften der Acrylfarben kennen und beschäftigen uns mit einigen grundlegenden Maltechniken.

Lasur und Aufhellen mit Weiß

Die Wirkung der Farbe ist abhängig von ihrer Konsistenz, der Reinheit und von der Dicke des Auftrags.
Auf der Abbildung unten auf dieser Seite sind vier Farben zu sehen. Ganz links steht der reine Farbton, nach rechts hin wurde die Farbe mit Verzögerer verdünnt. Sie wird dadurch zunehmend transparent und lasierend. Ganz rechts wurde die Farbe mit Weiß aufgehellt und dadurch untransparent und deckend aufgetragen. Vergleichen Sie den Unterschied zwischen diesen drei Zuständen einer Farbe. Sie können feststellen, daß sich Farbintensität, Farbton und Wärme der Farbe deutlich verändern.

Alla-Prima-Malerei

Der Begriff Alla-Prima-Malerei wird von alla prima vista (auf den ersten Blick) abgeleitet und steht für eine Technik, bei der ein Bild nur solange gemalt wird, solange die Farben frisch und nicht angetrocknet sind. Einen Höhepunkt erreicht diese Technik bei den französischen Impressionisten und ist eher für die Ölmalerei typisch. Die Anwendung der Alla-Prima-Malerei in Acryl ist relativ begrenzt, da Acrylfarben rasch trocknen. Diese Technik ist nur bei sehr schneller, skizzenhafter Arbeit oder mit Hilfe von Verzögerern möglich. Man benutzt sie fragmentartig, d.h. daß nicht das ganze Bild, sondern einzelne Partien frisch, also naß in naß mit deckenden, untransparenten, pastos aufgetragenen Farben gemalt werden.

Lasierung

Bei dieser Technik werden die Farben ganz leicht und transparent mit Wasser, Verzögerer oder Lasurmalmittel verdünnt aufgetragen. Das Licht bricht durch die transparente Farbschicht, spiegelt sich im tieferen Farbuntergrund und gibt dessen Kontrast wieder. Dadurch geben die Lasierungen den Farben einen ganz besonderen Klang.
In der Acrylmalerei kann man lasierend nur aquarellartig oder mehrschichtig arbeiten.
In der Abbildung links sehen Sie die Wirkung der Lasurschichten untereinander (Aquarell-Prinzip) und auf der Abbildung rechts auf anderen, pastos aufgetragenen Farbschichten (Prinzip der mehrschichtigen Malerei).

Mehrschichtige Malerei

Die mehrschichtige Malerei wird auch schichtweise Malerei genannt. Dies ist eine Technik, bei der die Farben Schicht auf Schicht aufgetragen werden, wobei die untere Schicht immer erst trocken sein muß, bevor die nächste aufgetragen wird. Beispielsweise können auf trockene Farbschichten Lasierungen gesetzt werden, die dann zum Teil wieder mit pastosen Farbschichten übermalt werden können. In der Ölmalerei ist diese Malweise äußerst kompliziert und verlangt hervorragende Kenntnisse der Technik und der chemischen Zusammensetzung der Farbe. Häufig braucht man dann für ein Bild mehrere Monate, manchmal Jahre. In der Acrylmalerei jedoch können Sie ohne Bedenken Schicht auf Schicht arbeiten, denn die Farben trocknen schnell. Ein Bild kann somit statt in Monaten oder Jahren in wenigen Tagen oder Stunden fertiggestellt werden. Die berühmte Technik der mehrschichtigen Malerei der alten Meister ist also in der Acrylmalerei beinahe etwas Alltägliches. Acrylfarben können auch in beliebig dicken Schichten aufgetragen werden, ohne daß sich sogenannte Krakeluren (Risse in der Farbe) bilden. Die Abbildung auf dieser Seite zeigt ein Bildfragment mit abgegrenzten Malvorgängen. Der ersten Schicht (alla prima gemalt) folgt die zweite (pastos aufgetragene) Farbschicht. Die dritte Schicht wurde wieder lasiert, die vierte Schicht ist ein pastoser Auftrag, wobei die Lasur zum Teil übermalt wurde. Jeder Malvorgang erfolgt nach der Trocknung der vorher aufgetragenen Farben.

Strukturen in der Acrylmalerei

Strukturen sind in der Acrylmalerei deshalb so wichtig, weil sie die gesamte Farboberfläche interessanter, reicher machen und die Wirkung der Farbe vertiefen. Sie entstehen schon durch die Pinselspuren, können aber noch nach Wunsch durch den Einsatz von Spachtelmasse wesentlich verstärkt werden. Weitere Möglichkeiten ergeben sich durch Beimischen verschiedener Materialien in die Spachtelmasse wie z. B. Sand, Sägemehl, Plastikteile usw. Manche Künstler arbeiten sogar mit einer reliefartigen Bildoberfläche, die fast einer Skulptur gleichkommt. In die Spachtelmassen können z. B. auch Bücher, Zeitungen, Kleider etc „eingemauert" werden (siehe Abbildung oben). Diese Collage bzw. das Relief können dann noch z. B. schichtweise übermalt werden. Als Anfänger sollten Sie solche Experimente besser noch nicht machen. Für den Fall, daß Sie später damit experimentieren wollen, gebe ich Ihnen zwei Ratschläge:

- ✗ Achten Sie darauf, daß alle Collagebestandteile fett- und wachsfrei sind, und lassen Sie solche massiven Schichten länger trocknen. Setzen Sie Ihre Arbeit am besten erst nach zwei bis drei Tagen wieder fort.

- ✗ Treiben Sie es nicht bis zum Exzeß. Gerade bei solchen experimentellen Techniken können Unikate sowohl die Möglichkeiten der Acrylfarben als auch ihre Schwächen deutlich machen.

Malerischer Beginn

Von der Übung zum Bild

In diesem kurzen Kapitel machen wir den Schritt von theoretischen und praktischen Übungen zu den Vorbereitungen für Ihr erstes eigenes Bild.

Wahl des Motivs

Bevor Ihre Arbeit beginnt, müssen Sie sich über das Motiv im klaren sein. Durch viele Gegenstände und starke Kontraste zu überladene Motive sind für Anfänger nicht zu empfehlen. Überlegen Sie sich, ob Sie das Motiv auch zeichnerisch bewältigen können. Wichtig ist, daß Sie sich überlegen, was Sie mit dem gewünschten Motiv ausdrücken wollen und was Sie besonders daran reizt und interessiert. Machen Sie sich Gedanken zu folgender Frage:

- ✗ Wie genau sollen Formen, Akzente und Kontraste des gewählten Motivs im Bild komponiert werden?

Bei der Wahl des Motivs bei der Landschafts- und bei der Stillebenmalerei können wir zwei prinzipielle Methoden unterscheiden:

- ✗ Bei der Landschaftsmalerei müssen wir bereits in der Natur vorhandene Formen und Räume reduzieren, um unser Motiv festzulegen. Wir reduzieren also unsere optische Wahrnehmung der Natur, indem wir einen Ausschnitt daraus suchen.
- ✗ Bei der Stillebenmalerei haben wir eine ganz andere Aufgabe vor uns: Ein ausgewählter Raum (Tisch, Stuhl, Fensterbrett etc.) wird mit von uns gewünschten Gegenständen gefüllt, wobei wir selbst entscheiden, welche und wieviele Gegenstände dazugehören.

Komposition

Entscheiden Sie, was bei Ihrem Motiv wichtig sein soll, was Sie betonen und was Sie vernachlässigen wollen. Nicht alles ist unbedingt gleich wichtig.
Ich empfehle Ihnen, sich zur Komposition folgende Fragen zu stellen:

- ✗ Welche vertikalen und horizontalen Dominanten gehören zum Bild?
- ✗ Wie sind Licht und Schatten verteilt? Welcher Art soll die Beleuchtung sein (hartes oder weiches Licht)?
- ✗ In welchem Zusammenhang befinden sich die entsprechenden Farb- und Tonkontraste?

Skizze

Um Ihre Arbeit zu sichern und zu erleichtern, empfehle ich Ihnen, zuerst eine Skizze des Motivs anzufertigen. Dafür genügt ein Zeichen- oder Skizzenblock oder einfach ein Blatt Papier. Skizzieren Sie mit Bleistift und zwar so, daß sich Ihre Skizze in der Mitte des Blattes befindet. Lassen Sie auf allen Seiten einen breiten Rand frei.

Gehen Sie bei der Skizze aber keinesfalls ins Detail, sondern deuten Sie nur große Formen an. Mit leichten Schattierungen können Sie dunklere Partien anlegen (Abbildung oben).

Bitte vergessen Sie nicht: Ihre Skizze ist keine anspruchsvolle Zeichnung! Sie soll Ihnen lediglich dabei helfen, mit der Komposition zurechtzukommen, und ist eine Entscheidungshilfe bei den Fragen: Wie groß wird mein Bild? Welches Format soll es besitzen?

Grenzen Sie mit leichten Linien Ihre Skizze auf dem Blatt Papier ab, und versuchen Sie, sowohl ein Hoch- als auch ein Querformat anzulegen. Durch die Größe und die Form der Abgrenzung läßt sich die Komposition variieren.

Ausgeschnittene Rähmchen verschiedener Größe aus Karton oder Kunststoff leisten großen Dienst bei der Suche nach einer gelungenen Komposition (Abbildungen Mitte und unten).

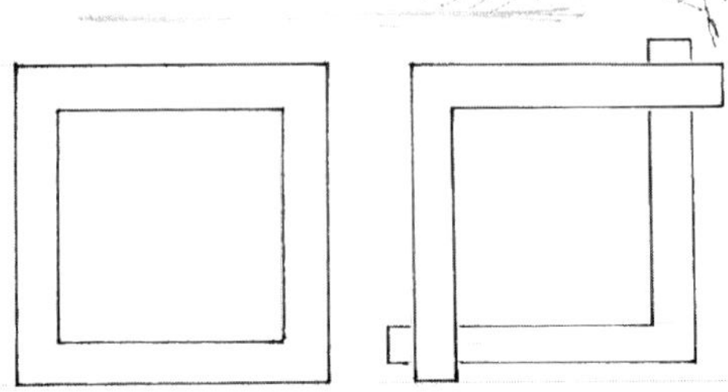

Stilleben mit Äpfeln, Zitronen und Karaffe

Vorzeichnung

Ihre Skizze haben Sie bereits fertiggestellt und die Komposition festgelegt. Nun beginnen Sie mit der Vorzeichnung (siehe auch Seite 27). Unabhängig davon, ob die Leinwand abgetönt oder weiß ist, nimmt man am besten eine dunkle Acrylfarbe wie z. B. Umbra natur, Van Dyckbraun oder eine gebrochene dunkle Farbe. Verwenden Sie einen flachen, nicht zu kleinen Pinsel, und arbeiten Sie mit stark verdünnter Farbe. Bei der Vorzeichnung gelten die gleichen Regeln wie bei der Arbeit mit der Skizze: Zeichnen Sie keine Details, sondern deuten Sie die Formen und Gegenstände nur an. Einzelne Gegenstände, wie z. B. eine einzelne Tonkaraffe, sollten nicht alleine ausgearbeitet werden, denn, falls Sie sich nur auf eine Form konzentrieren, kann es leicht passieren, daß die Proportionen oder Größenverhältnisse falsch übernommen werden. Sind Sie mit einzelnen Linien unzufrieden, korrigieren Sie diese durch Übermalen mit kräftigeren Pinselstrichen, und die Fragmente der Vorzeichnung, die Sie stören, überdecken Sie mit Weiß oder einer dem Untergrund ähnlichen Farbe.

Nach folgenden Prinzipien versuchen wir nun, die Komposition des Stillebens mit Äpfeln, Zitronen und Karaffe zu analysieren: Um die zu strenge Komposition durch die Tonkaraffe zu vermeiden, ist sie von der Mitte aus etwas nach rechts gerückt. Für weitere Asymmetrie sorgt auch der nach rechts gerichtete Henkel. Äpfel und Zitronen füllen die Bildmitte und sorgen für einen intensiven, lebendigen Farb- und Tonkontrast. Die strenge Komposition wird durch Tücher im Vordergrund aufgelockert. Eine Ausgewogenheit in der Komposition wird durch die vertikale Form der Karaffe und die horizontale der Schale geschaffen. Durch das Hinzufügen von Zitronen und Äpfeln wirkt der Konflikt zwischen den geo-

metrischen Formen von Karaffe und Teller und den runden Formen der Früchte interessanter, komplizierter und spielerischer.

Farbmischen auf der Palette

Unsere Vorzeichnung ist nun soweit fertig, daß wir unsere Palette für das eigentliche Malen vorbereiten können.

Mit etwas Erfahrung entwickelt jeder ein eigenes System, wie und in welcher Reihenfolge die Farben aufgetragen werden. Ich schlage Ihnen folgende Reihenfolge vor:

Oben, von rechts nach links angeordnet, bringen Sie erst die gelblichen Farben auf, die dann, dem Farbkreis ähnlich, in Rot übergehen (Abbildung oben). Links am Rand plaziere ich die blauen Farben, die Erdfarben in der Mitte. Zwischen den blauen und den Erdfarben etwas nach unten versetzt sind grünliche Mischungen zu finden. Weiß trage ich auf zwei bis drei Stellen auf.

Sehr wichtig ist, daß Sie zwischen den aufgetragenen Farben genügend Platz für Mischungen lassen. Am besten tragen Sie während der Arbeit eine Farbe immer auf dieselbe Stelle auf, so daß Sie automatisch wissen, wo sich welche Mischfelder befinden, ohne diese suchen zu müssen. Sie werden schnell merken, wieviel Farbe man auf die Palette geben muß. Zu kleine Mengen werden zu schnell verbraucht, und die Malerei muß deswegen oft unterbrochen werden. Zu große Mengen trocknen jedoch aus, wodurch Farbe verlorengeht.

Pinselführung und Farbauftrag

Häufig begehen Anfänger in der Acrylmalerei einen ganz typischen Fehler: Sie verdünnen die Farbe mit viel zu viel Wasser. Normalerweise benötigt man überhaupt kein Wasser, da die Restfeuchtigkeit, die vom Reinigen im Pinsel bleibt, zum Malen ausreicht.

Gemalt wird mit flachem Pinsel. Mischen Sie die Farben oft neu, und tragen Sie sie nicht zu dünn auf.

1. Schritt

1. Dieses Stilleben wird auf einer mit Creme und Ocker abgetönten Leinwand im Querformat (40 cm x 58 cm) gemalt. Die Vorzeichnung erfolgt mit ruhiger blau-grauer Farbe. Die Kombination dieser beiden Farben ermöglicht schon beim Vorzeichnen eine Festlegung von hellen und dunklen bzw. kalten und warmen Verhältnissen.

Leicht angedeutete Achsen- und Ellipsenlinien helfen beim Aufbau der Karaffe und werden später übermalt. Mit der gleichen Farbe, die wir zum Vorzeichnen brauchen, werden Schattenpartien angedeutet, z. B. die Wurfschatten der Äpfel und Zitronen, das Schattenfeld des Tuchs vorne rechts, der Wurfschatten der Schale und die Schale selbst. Sobald die Vorzeichnung im großen und ganzen fertiggestellt ist, suchen wir die dunkelsten Partien im Stilleben. Diese befinden sich vor allem am Teller und unter diesem auf dem türkisfarbenen Tuch. Weitere dunkle Partien sind auf der Karaffe und bei den schon erwähnten Wurfschatten der Früchte. Es ist sehr wichtig, diese dunklen Stellen schon beim ersten Schritt zu finden und sichtbar zu machen, da sie bei der weiteren Arbeit als Orientierung dienen.

2. Schritt

2. Mit der gleichen Farbe, die Sie zum Vorzeichnen ausgewählt haben, nur mit etwas Weiß aufgehellt, deuten wir nun den Hintergrund an. Dies hilft uns dabei, die Lichtverteilung im Bild besser zu verstehen. Die Beleuchtung im Hintergrund ist sehr ruhig. Im Gegenteil dazu steht der Vordergrund in sehr hellem Licht, so daß sich starke Kontraste bilden. Solch eine Lichtverteilung macht die Komposition tiefer und räumlicher. Nun wird der Hintergrund weiter farblich angelegt. Ohne bereits auf stärkere Farbkontraste einzugehen, arbeitet man noch weiter mit ähnlichen Farben und bearbeitet damit Tonkaraffe, Schale und Tücher. Auf diese Weise bildet sich die farbliche Gestaltung des Hintergrundes und der Schattenpartien heraus.

3. Als nächstes benutzen wir rötliche und ockerfarbene Töne, um die Früchte anzudeuten. Weil schon der Maluntergrund eine helle, warme Farbe hat, die mit den hellen Partien der Früchte gut korrespondiert, gehen wir auf den Körperschatten der Äpfel und Zitronen ein. Dieser hebt sie sofort deutlicher hervor, und erste Kalt-Warm-Kontraste werden angelegt. Die Tücher in der Mitte der Komposition und auf dem Vordergrund verbinden die kalten und dunklen Farben des Hintergrundes und der Karaffe mit den helleren und warmen Farben der Früchte. Mit aufgehellten grünen, blauen und ockerfarbenen Tönen arbeitet man weiter. Schnell und flächig wird dabei die Farbe mit breitem Pinsel aufgetragen. Dabei achtet man besonders auf die Hellig-

keit der Farbe. Machen Sie ab und zu eine kurze Pause, treten Sie zwei bis drei Schritte zurück, um Abstand vom Bild zu gewinnen, und vergleichen Sie stets die Farb- und Tonwerte miteinander.

Nun ist die Bildmitte farblich angelegt. Malen Sie die angefangenen Formen mit dem gleichen Duktus weiter, so daß einzelne Pinselstriche und Farbflecken langsam zu einem Ganzen zusammenwachsen. Mit dunklerer Ultramarin und Kobaltblau malen wir die Tonkaraffe und deren Ornamente und achten darauf, daß sie zeichnerisch nicht verzerrt werden. Die Zitronen und Äpfel werden weiter, aber noch nicht fertig gestaltet. Reflexe und glänzende Stellen werden erst später gemalt. Pastellige gelb-grüne Effekte auf dem Tuch harmonieren mit den Früchten und helfen dabei, die Farbtöne der letzteren zu bestimmen. Wenn Sie den oberen Apfel betrachten, können Sie sich leicht vorstellen, in welcher Reihenfolge die Äpfel gemalt werden: erst die große Form und dann ganz grob die Licht-Schatten-Verhältnisse. Nun erst werden bei den Äpfeln die Details ausgearbeitet (unterer Apfel) Die gleiche Reihenfolge gilt für die Zitronen: Erst werden mit dunkleren Ockerfarben die Schatten angedeutet (linke Zitrone), danach wird die Lichtpartie gestaltet, allerdings so, daß die Linien der Vorzeichnung teilweise noch zu sehen sind (rechte Zitrone). Mit den Wurfschatten auf dem türkisfarbenen Tuch arbeitet man weiter. Denken Sie dabei an Tuch als Materie, die im Licht und im Schatten dargestellt wird.

4. Schritt

4. Praktisch jede Stelle auf dem Bild wird mit mehreren übereinanderliegenden Farbschichten bedeckt. Die Farben bilden Strukturen, wenn Pinselstriche kreuz und quer übereinander gesetzt werden. Achten Sie darauf, daß verschiedene Materialoberflächen verschieden gemalt werden. Die matte Tuchstruktur kontrastiert mit der glänzenden Oberfläche der Karaffe. Es ist sehr wichtig, daß Sie den Glanz ganz zum Schluß malen. Hierbei muß man möglichst vorsichtig und genau arbeiten. Falsch angelegte Glanzstellen werden die Form der Gegenstände brechen. Besonders wichtig sind die Farbreflexe. Betrachten wir z. B. die linke Zitrone: Im Körperschattenbereich rechts sind zwei starke Farbreflexe zu sehen, die durch die Nachbarschaft der rechten Zitrone (orangefarbener Einfluß) und den Tüchern unten (grünlicher Einfluß) durch die Lichtspiegelung entstehen. Suchen Sie bitte nach anderen Reflexen im Bild, und versuchen Sie, deren Natur zu analysieren. Unten, hinter der Karaffe, wird der Hintergrund dunkler, wodurch es uns ermöglicht wird, Kontraste in die Bildmitte zu konzentrieren und die Randbereiche zu entlasten. Beim letzten Schritt entscheidet man auch, welche Umrisse und Konturen scharf bleiben und welche mit der Umgebung verschmelzen. Das wichtigste beim letzten Schritt ist, daß Sie die Räume und Gegenstände im Bild noch etwas korrigieren. Lassen Sie sie endgültig farblich in einem Raum zusammenleben und miteinander harmonieren.

Malen von Gegenständen im Stilleben

Das Malen bestimmter Gegenstände im Stilleben kann oft unerwartete Schwierigkeiten bereiten. Oft tun sich gerade Anfänger bei der Zusammenstellung eines Stillebens schwer und schätzen Gegenstände nicht richtig und nicht rechtzeitig ein. Wegen eines Objektes kann dann die ganze Arbeit mißlingen. Allgemein kann man sagen, daß alle glänzenden und transparenten Gegenstände kompliziert zu malen sind. Aber gerade im Stilleben hat man es besonders häufig mit der Darstellung von glänzenden Metallgegenständen und durchsichtigem Glas zu tun.

Metallgegenstände

Hier analysieren wir ein kleines Stilleben (45 cm x 34 cm), wobei nur der Metallkrug in drei Stufen gezeigt wird. Die Vorzeichnung erfolgt mit Umbra natur.

Gleich danach malt man die dunkelsten Stellen auf den Krug (Abbildung links). Dafür werden die Formen erst grob und skizzenhaft angelegt. Relativ helle Partien werden vorerst nicht definiert. Im zweiten Schritt (Abbildung rechts) werden die Mittelpartien bearbeitet; die nicht bemalten Stellen verschwinden dabei innerhalb der Form. Diese Arbeit kann mit pastosem Farbauftrag oder mit Lasierungen fortgesetzt werden. Malen Sie bei diesem Schritt auf jeden Fall die Farbnuancen. Um diese beiden Stufen zu demonstrieren, habe ich hier einen neutralen grauen Hintergrund ausgewählt und diesen nicht weiter gestaltet. Wenn Sie diesen Krug in einem Stilleben malen, so empfehle ich Ihnen, ein paar Stellen des Hintergrundes, vor dem der Krug steht und der den Krug abgrenzt, in Hell und Dunkel anzudeuten. Somit erhalten Sie die Möglichkeit, die Tonwerte zwischen dem Krug und seiner Umwelt zu vergleichen.

Nachdem diese Farbschicht getrocknet ist, werden die ganz hellen Partien ausgearbeitet (Abbildung Seite 32), z. B. der golden schimmernde Glanz am oberen Rand des Kruges und am Griff etc.

Zum Schluß malen wir auch die gelb-grünen (links) und rötlichen (rechts) Farbreflexe, die durch Nachbarschaft von anderen Formen und deren Lichtspiegelung entstehen.

3. Schritt

In einem weiteren Stillleben (50 cm x 60 cm, Abbildung rechts) haben wir es mit mehreren Metallgegenständen zu tun, die im Prinzip auf die gleiche Weise wie der eben besprochene Krug gemalt worden sind.

Alle Gegenstände bestehen aus verschiedenen Metallen, glänzen unterschiedlich, haben stellenweise Patina; einige Oberflächen sind graviert, vergoldet, bemalt oder lackiert.

Beim Zusammenstellen eines solchen Stillebens achtet man darauf, daß die Gegenstände so komponiert und beleuchtet werden, daß wir die einzelnen Formen und Umrisse deutlich sehen. Die Komposition muß genügend Kontraste erhalten und zwar Tonwertkontraste, denn rein farblich betrachtet sind all diese Gegenstände miteinander verwandt. Malerische Herausforderungen bieten bei solch einem Stilleben Spiegelungen, wie hier auf dem Tablett. Selbstverständlich muß man auch mit verschiedenen Farbreflexen rechnen, die die Wahrnehmung der Formen beeinflussen.

Wenn Sie selbst ein Stilleben mit Metallgegenständen zusammenstellen, sollten Sie am besten eine zusätzliche, transportable Lichtquelle verwenden wie z. B. einen Strahler, eine Lampe oder ähnliches.

Auf dem oberen Stilleben kommt Tageslicht von links oben und wird durch einen angebrachten Strahler verstärkt.

Auch der Hintergrund spielt eine nicht unwichtige Rolle! Seine dunkelsten Partien müssen etwas heller und ruhiger sein als die dunklen Stellen auf den Metallgegenständen.

Versuchen Sie sich bitte zu überlegen, aus welchen Farbschichten die hier dargestellten Gegenstände bestehen und in welcher Reihenfolge sie aufgetragen wurden. Wo sehen Sie Farbreflexe, und wodurch entstehen sie? Wie wirken die Tonwertkontraste?

Transparente Gegenstände

Wir analysieren eine Arbeit mit zwei farblich unterschiedlichen Flaschen, die teilweise mit Flüssigkeit gefüllt sind.
Gemalt wird auf einem hellgrau grundierten Karton. Die Vorzeichnung wurde in diesem Fall mit Bleistift ausgeführt und mit Acrylfarben verstärkt. Die linke, fast vollständig transparente Weinflasche wird in Grau-Grün, die braune Terpentinflasche in Umbra gebrannt vorgezeichnet.
Wie man auf der linken Abbildung erkennt, werden beide Formen erst nach der Vorzeichnung in etwa farblich angelegt. Man versucht, möglichst schnell beide Flaschen räumlich und tonal zu konkretisieren. Dabei arbeitet man zuerst ziemlich einfach und ohne malerische Nuance. Nach dem Trocknen der Farben werden die hellen Partien weiter gemalt: der obere Teil der Terpentinflasche, die Weinflasche und das durchsichtige Etikett. Die Tonwert- und Farbkontraste kommen nun zur Geltung. Dabei achtet man besonders genau auf die Ausarbeitung der Form. Als nächstes malen wir den Hintergrund nur so weit, wie er uns interessiert und soweit er uns hilft, die Flaschen durch Licht und Schatten überzeugender darstellen zu können. Die ganz hellen Reflexe wie das glänzende Gold auf dem transparenten Etikett und die ganz hell glänzenden Stellen auf beiden Flaschen werden erst, wenn alles fertig ist, bearbeitet. Nach einer kleinen Pause prüft man ganz zum Schluß die Arbeit, korrigiert Reflexe unter der Flasche und bessert kleine Details aus.
Für das Darstellen von Glas in der Malerei braucht man viel Geduld. Je langsamer Sie jedoch an solchen Formen arbeiten, desto schneller kommen Sie im Endeffekt voran.
Beim nächsten, Schritt für Schritt gezeigten Stilleben wird ebenfalls ein Beispiel für die Arbeit mit Glas gezeigt.

Stilleben mit Blumen und Äpfeln

Impressionistisches Malen

Es gibt Kompositionen, die aufgrund ihrer inneren Struktur einen besonderen Zugang erfordern. Dieses Stilleben beispielsweise ist voll von kleinsten Details: Hunderte von Blüten und Blättern bilden die Masse des Blumenstraußes. Wenn Sie ganz realistisch auf ein solches Motiv eingehen würden, hätten Sie Probleme, dieses zu realisieren. Am besten bewältigen wir das Motiv durch einen anderen Malstil: Einzelne kleine Formen lassen wir weg und lenken unsere Aufmerksamkeit auf die Darstellung der Gesamträumlichkeit, auf das Licht- und Schattenspiel und die gesamte malerische Atmosphäre.

Skizze

Wie bereits erklärt, skizziert man das Stilleben klein auf einem relativ großen Papier. Dabei legen wir die wichtigsten Größenverhältnisse fest und deuten die Tischplatte, den Teller und die beiden Gefäße an. Die Blumen werden nur grob gezeichnet. Sie können dabei auch schon die dunkelsten Schattenpartien anlegen.
Durch das Anfertigen einer Skizze entscheiden wir, wieviel freien Raum die wichtigsten Gegenstände in der Komposition bekommen, wie sie plaziert werden und welches Format am besten paßt.

1. Schritt

1. Für das Blumenstilleben wird eine Leinwand im Format 60 cm x 70 cm ausgewählt. Diese grundieren wir mit Acrylfarbe in Hellocker. Auf der oberen Abbildung sehen Sie die Vorzeichnung und die ersten farbigen Pinselstriche, die gleich danach folgen. Vorgezeichnet wird mit etwas gebrochener blauer Farbe. Übertragen Sie die auf der Skizze festgelegte Komposition auf die Leinwand. Zuerst werden die Teller und beide Vasen, dann die Äpfel, die groben Umrisse des Straußes und das Tuch unter dem Teller angedeutet. Die Pinselstriche und Linien der Vorzeichnung werden nun immer schneller und expressiver gesetzt, um schon im Anfangsstadium den entsprechenden Malstil zu treffen. Legen Sie danach mit gleicher Farbe die wichtigsten Schattenbereiche an (Schatten unter dem Teller, am Rand des Tuches und der Vase etc.). Ähnlich wie beim ersten Stillleben mit Äpfeln, Zitronen und Karaffe greifen wir nun zu einer dunkleren, warmen Farbe, arbeiten weiter an beiden Äpfeln und der keramischen Vase und deuten ein paar rötliche Blumen an. Dadurch entstehen die ersten, bislang nur leicht angelegten komplementären Kontraste. Dieser Vorgang ermöglicht uns beim weiteren Malen eine bessere Orientierung an der Farbkomposition.

Vergleichen Sie bitte diesen Malvorgang im Anfangsstadium mit dem des ersten Stillebens (Äpfel, Zitronen und Karaffe, Seite 27). Welche logischen Gesetzmäßigkeiten fallen Ihnen auf?

2. Schritt

2. Wie Sie sehen, wird beim zweiten Schritt weiter mit einzelnen Pinselstrichen gemalt, und die ersten größeren Formen werden ausgearbeitet; Licht- und Schattenverhältnisse und die Gesamträumlichkeit werden angelegt. Es ist sehr wichtig, daß man sich bei einem solchen Motiv nicht in kleinen Formen verliert. Besonders das Malen von Blumensträußen erfordert eine bewußte und gezielte Arbeit. Wir ignorieren dabei die Details, sondern malen große Farbflächen und betrachten dabei den Strauß als eine massive Form. Dementsprechend bringen wir Licht und Schatten auf dem Strauß an. Achten Sie darauf, daß das Material der beiden Vasen nicht gleich gemalt wird.

Der Farbauftrag auf der keramischen Vase ist massiver und schwerer; die transparente, mit Wasser gefüllte Glasvase wird mit dünneren Farben und breiteren Pinselstrichen gemalt.

Den Hintergrund malt man leicht mit verdünnter Farbe und erspart sich alle Details, um eine tiefere und luftigere Räumlichkeit darzustellen und den Blick des Betrachters im Zentrum der Komposition zu halten. Je mehr Gegenstände und Spannungen sich in der Bildmitte befinden, desto ruhiger müssen wir die Randbereiche gestalten. Das Bild wirkt sonst überladen und sehr unruhig. Die Randbereiche bearbeiten wir als nächstes, um uns dann wieder auf die Bildmitte zu konzentrieren.

3. Schritt

3. Bevor die ganze Bildoberfläche farblich gestaltet wird, überprüfen wir noch einmal alle Formen, vergleichen sie miteinander, suchen Partien, die stören, unfertig oder disharmonisch wirken. Ein Beispiel für eine Korrektur ist die Glasvase. Vergleichen Sie die Abbildungen auf Seite 37 und 38 miteinander: Entdecken Sie, was und wie noch verändert wurde? Vor allem auf der linken Seite wurde das Glas noch einmal mit der dunkleren Farbe übermalt, und nach dem Trocknen der Farbschichten wurden die glänzenden Stellen, Spiegelungen und Wasserreflexe neu gemalt. Auch die Partie links hinter der keramischen Vase wurde durch erneute Übermalung ruhiger. Vergleichen Sie bitte die beiden Stufenabbildungen im Ganzen miteinander, und unterscheiden Sie dabei zwischen den Stellen, die übermalt, also korrigiert wurden, und den Partien, die sich einfach ohne Änderung malerisch weiterentwickelt haben.

Bevor das Bild fertig wird, kontrolliert man auch die Tonkontraste. Die Kontraste, das Licht- und Schattenspiel in der Bildmitte sollten im Vordergrund stärker als im Hintergrund und am Rand der Komposition sein. Dadurch entsteht eine tiefere Räumlichkeit. Auch die Farbkontraste folgen dem gleichen Prinzip. Bitte analysieren Sie selbst: Wo befinden sich die wichtigsten Farbkontraste, und wie wirken sie?

Uferlandschaft

Bei der Landschaftsmalerei muß man eine Regel beachten: Nicht alles, was in der Natur schön aussieht, ist in der Malerei umsetzbar, und oft kommen aus einem ganz einfachen Motiv interessante Ergebnisse heraus.
Wichtig bei dieser Uferlandschaft ist beispielsweise, daß im Vordergrund in der Mitte kein Gras wächst. Dies gibt uns die Möglichkeit, von zu viel Grün wegzukommen. Auch Wasser zu malen ist sehr kompliziert. Um uns also den Einstieg in die Landschaftsmalerei zu erleichtern, wählen wir ein Motiv, in dem Wassereffekte eine untergeordnete Rolle spielen. Besonders wichtig ist auch die Komposition. Ein Stilleben ist schon aufgrund seiner künstlichen Existenz abgegrenzt. Bei der Landschaftmalerei befinden wir uns jedoch mitten in der Natur.

Wahl des Formats

Fangen Sie wieder mit einer Skizze an. Wie beim Stilleben skizziert man das Motiv klein auf einem relativ großen Papier, allerdings etwas größer und breiter als die vermutliche Komposition. Zum Zeichnen können Sie außer einem Bleistift auch einen Filzstift oder Tusche verwenden. Der „Rahmen" dagegen wird mit Bleistift gezeichnet, damit Sie durch Ausradieren und erneutes Zeichnen die Möglichkeit haben, mehrere Kompositionsproben zu machen. Auf den beiden Abbildungen sehen Sie das Landschaftsbild im Hoch- und im Querformat.

Skizze

Wir haben uns bei der Uferlandschaft für ein Querformat (48 cm x 60 cm) entschieden. Bei den beiden links stehenden Bäumen wird ein Baum weggelassen. Die Bäume links und rechts im Bild schließen die Komposition ab und verkürzen gleichzeitig den Hintergrund mit See und Bergen.

Die Graspartien links und rechts tragen dazu bei, daß sich die Farb- und Tonwertkontraste vorwiegend in der Mitte und im Vordergrund befinden. Obwohl die wichtigen großen Formen (Bäume, Hügel rechts) am Rand des Bildes plaziert werden müssen, wird die Bildmitte durch die schon erwähnten Kontraste und den Kontrast von Himmel und Bergkette belebt. Diese Komposition im Querformat gibt uns die Möglichkeit, die Weite der Landschaft zu zeigen. Die Motivreihe Ufer-See-Berge-Himmel-Wolken öffnet einen sehr großen Raum und leitet den Blick des Betrachters in die Tiefe.

Die Vorzeichnung (hier durch eine Zeichnung ersetzt) kann gleich mit verdünnter Acrylfarbe angefertigt werden. Am besten verwendet man die Farbe, die den meisten Schattenpartien ähnlich ist. Der Vordergrund wird etwas kräftiger gestaltet, um von Anfang an den Effekt der Räumlichkeit anzulegen.

1. Schritt

1. Beim Malen folgt man derselben, oben bereits angesprochenen Logik. Die Motivreihe Ufer-See-Berge-Himmel wird gleich farblich angedeutet. Selbstverständlich werden diese vier Partien nicht sofort fertig gemalt. Beim Anlegen dieser Bildteile ist es nur sehr wichtig, die fundamentalen Tonwert- und Farbverhältnisse in diesen vier Stufen, die die Gesamträumlichkeit bilden, in etwa zu treffen. Nun werden links und rechts die Bäume angedeutet, deren innere Struktur erst später ausgearbeitet wird. Grenzen Sie in dieser Phase nur die Kronen voneinander ab, und vergleichen Sie vor allem die Kontraste zwischen Baum, Himmel, Bergen etc. Der Hintergrund, also die Berglandschaft hinter dem See, wird wegen der Luftperspektive weich und undeutlich gemalt, der Vordergrund dagegen kräftiger und kontrastreicher. Intensiveres Licht- und Schattenspiel ist zwar noch nicht ausgearbeitet, aber bereits angedeutet. Auch die Wolken malt man erst grob und prüft dabei die Kalt-Warm-Verhältnisse, die man am besten gleich anlegt. Je genauer man im Anfangsstadium die wichtigsten Farbverhältnisse trifft, desto besser und unproblematischer kann man die Arbeit fortsetzen. Einige Partien im Bild werden gleich korpulent und dick mit massivem Farbauftrag gemalt, um weitere interessante Strukturen zu erzeugen. Bei der Uferlandschaft sind dies vor allem die Bäume und der Vordergrund.

2. Schritt

2. Wenn die Farbschichten getrocknet sind, werden alle Partien des Bildes weiter ausgearbeitet. Am Himmel werden etwas dezenter weitere Schichten aufgetragen. Achten Sie dabei darauf, daß die Farbstruktur nicht zu massiv wird. Übermalt wird so, daß der neue Farbauftrag die trockene Schicht nicht vollständig abdeckt. Auf Hellrosa kommt z. B. eine helle, gebrochen grüne Farbe. In den kleinen Vertiefungen bleibt aber die erste Schicht zu sehen. Das macht solche Partien besonders interessant und reich. So werden Schicht um Schicht die Wolken geformt. Die Bäume auf beiden Seiten der Komposition arbeiten wir gleich mehrschichtig weiter. Der Farbauftrag wird hierbei aber massiver. Dies ermöglicht uns, ohne einzelne Blätter und Äste zu malen und trotzdem das Empfinden einer farbenprächtigen, transparenten Krone zu vermitteln. Beim Auftragen von weiteren Farbschichten achten wir darauf, daß bereits gefundene Tonwertkontraste nicht verlorengehen. Man kann allerdings die eine oder andere Bildpartie mit der zweiten Farbschicht dunkler malen. Mit der dritten Schicht, die die zweite nur zum Teil abdeckt, wird diese Partie wieder aufgehellt. Ähnlich entwickelt sich auch der Vordergrund. Gräser werden in etwa farblich passend angelegt. Hauptsächlich aber malen wir die noch stärkeren Farbstrukturen, um sie weiter in mehreren Schichten übermalen zu können.

3. Schritt

3. Auf der oberen Abbildung, die das fertige Bild zeigt, sieht man deutlich, daß die Gräser nun überzeugend und körperlich gemalt wirken, ohne daß wir nur ein einziges Blatt oder Stengel naturalistisch ausgearbeitet haben.

Vergleichen wir noch einmal diese Abbildung des fertigen Bildes mit der des vorherigen Schrittes auf der linken Seite: Einige Partien auf dem Vordergrund sind heller geworden. Diese wurden, wie bereits erklärt, mit helleren Schichten überarbeitet. Nur einige ganz große Äste der Bäume auf der rechten Seite in Verbindung mit der Technik der mehrschichtigen Malerei reichen aus, um diese Bäume realistisch und mit genügend Details darzustellen. Ganz zum Schluß kommen noch einige dünne, halbtransparente Farbschichten auf die Wolken, das Wasser und die Berge. Dadurch werden diese Partien leichter und luftiger. Für die Landschaftsmalerei können wir uns folgende Regel merken: Formen und Partien in einem Landschaftsbild, die vom Betrachter weit entfernt sind, malt man mit dünnen, leichteren Farbschichten, um ihre Entfernung zu betonen. Dagegen werden Partien und Formen im Vordergrund kräftiger, massiver, kontrastvoller und detaillierter gemalt. Bitte verfolgen Sie nun einige in der Anleitung nicht beschriebene Stellen der Komposition Schritt für Schritt. Wie wurden sie gemalt? Wie entwickeln sich die Farbschichten und dadurch die malerischen Effekte?

Allee

Malen mit einzelnen Pinselstrichen

In diesem Grundkurs möchte ich Ihnen möglichst viele Maltechniken zeigen und erklären, um damit Ihre Acrylmalerei abwechslungsreicher und interessanter zu gestalten.
In diesem Kapitel gehen wir auf einen ganz besonderen Malstil ein, in dem, fast wie bei einem Mosaik, das Bild durch einzelne, zum Teil einander deckende Pinselstriche entsteht.

Skizze
Skizziert wird auch hier relativ klein, damit wir genug Platz haben, um auf dem Blatt Papier mit der Rahmenabgrenzung zu experimentieren. Wir haben die Wahl zwischen Hoch- und Querformat. Eine Allee aus Bäumen und Büschen lenkt den Blick des Betrachters in die Tiefe des Bildraumes. Dem breiten, ungerade verlaufenden Weg setzt man die warme Dichte des Waldes entgegen. Der Himmel, der größtenteils von Bäumen verdeckt ist, wird nur angedeutet. Um zu strenge Symmetrie zu vermeiden, versetzen wir den Weg von der Mitte etwas nach rechts. Auch durch die ungleiche Zahl von Bäumen auf beiden Seiten der Komposition wird Symmetrie vermieden.
Nachdem wir uns für ein Format entschieden haben, übertragen wir die Skizze auf die Leinwand.

1. Schritt

1. Wir haben uns bei der Allee für ein Querformat (41 cm x 50 cm) entschieden. Das gespannte Maltuch wird zweischichtig mit Acryl-Grundierung grundiert (die erste Schicht weiß, die zweite leicht grau-beige). In diesem Fall ist es besonders wichtig, die Leinwand abzutönen, weil wir in dieser Maltechnik nicht gleich größere Bildpartien mit Farbe abdecken können. Die Entwicklung dieser Landschaft geschieht also relativ langsam, und ein überall sichtbarer, weißer Maluntergrund würde stören.

Beim Übertragen der Skizze auf die Leinwand müssen wir darauf achten, daß die beim Skizzieren gefundenen Ergebnisse nicht verlorengehen. Anfänger begehen häufig den Fehler, daß sie beim Vorzeichnen die Proportionen der Komposition verzerren. Vorgezeichnet wird diesmal mit etwas gebrochener Umbra gebrannt, also einer warmen, dunklen Erdfarbe.

Bei diesem Bild zielen wir mit der Vorzeichenfarbe nicht wie vorher auf die Schattenpartien, sondern auf die Baumstämme. Auch wir sehen Baumstämme im Schatten dieser konkreten Beleuchtung oft warm und in Brauntönen. Diese Linien der Baumstämme werden auch massiver und genauer gezogen. Die Kronen der Bäume werden hingegen ganz leicht, fast unsichtbar angedeutet. Die unklare Abgrenzung der Allee nach rechts und links wird dementsprechend gleich angelegt. Hier werden sich dann die stärkeren Kontraste befinden.

2. Schritt

2. Nun wird, wie bereits erwähnt, mit einzelnen, ungefähr 1 cm breiten Pinselstrichen weitergemalt. Die Form und die Richtung der Striche sind jedem freigestellt: Sie können sich nach der Form der gemalten Objekte richten, können chaotisch ungeordnet aufgetragen werden oder unabhängig von den dargestellten Gegenständen einen eigenen Rhythmus und eine eigene innere Ordnung haben.

In diesem Bild habe ich einen ungeordneten Farbauftrag, der dem Charakter der auf der Erde liegenden Herbstblätter entspricht, gewählt. Wir fangen mit den Bildpartien an, in denen gleich die wichtigsten Farbverhältnisse festgelegt werden können. Der Himmel wird oben und in der Bildmitte angelegt. Ihm folgen das Laub mit Licht und Schatten, um den starken, fast komplementären Kontrast Blau-Gelb aufzuspüren. Nun versuchen wir, einen weiteren, sehr wichtigen Kontrast festzulegen: Die dunklen, rotbraunen Schatten und das hellgrüne Laub im Licht. Diese beiden, im zweiten Schritt angedeuteten Kontraste vergleichen wir umgehend miteinander und passen sie einander an. Beim zweiten Schritt versuchen wir also immer, die wichtigsten Tonwert- und Farbverhältnisse anzulegen, um somit die weitere Arbeit erfolgreicher und übersichtlicher zu gestalten. Malt man in diesem Stil mit den einzelnen sichtbaren Pinselstrichen, darf man eine Regel nie vergessen: Die Farben sind so oft wie möglich, nahezu bei jedem Pinselstrich, neu zu mischen. Dies ist das entscheidende Prinzip dieser Maltechnik.

3. Schritt

3. Beim nächsten Schritt werden bereits angelegte Bildpartien bearbeitet und erweitert. Mit einem prinzipiell gleichen Farbauftrag folgen Pinselstriche Schicht auf Schicht, so daß sich die Farben langsam zusammenschließen. Ein kompliziertes Farbmosaik deckt andere, noch nicht angelegte Stellen ab. Der Himmel wird etwas aufgehellt, und es kommen leicht rötliche Pinselstriche hinzu. Man malt die Kronen der Bäume weiter und vergleicht sie ständig untereinander und mit dem Farbton der Stämme. Vor allem die Felder in der Mitte verbreitern sich und bilden die warme, schattige Atmosphäre des Herbstwaldes. Licht- und Schattenspiele werden immer reicher und deutlicher. Um zum Beispiel ein hellgrünes Fragment des Bildes in diesem Stil zu gestalten, kann man mit hellen, gelben, violetten, blauen, rötlichen und orangefarbenen Schichten arbeiten, ohne direkt Grün zu mischen. Mehrere solche, zum Teil einander deckende Farbschichten werden optisch mit etwas Abstand als hellgrünes Feld wahrgenommen. Wichtig dabei ist, daß Sie nicht mehr als zwei Farben miteinander mischen. Weiß bildet dabei eine Ausnahme, da Sie Weiß immer dazumischen dürfen. Dies ist eine wichtige Regel für dieses Bild: Ein gesuchter Farbton wird also nicht durch Mischen von mehreren Farben getroffen, sondern durch die Nachbarschaft ähnlicher, einzelner Farbflecken erreicht.

Vergleichen Sie bitte, wie sich einzelne Fragmente des Bildes entwickeln. Aus welchen Farbschichten bestehen sie?

4. Schritt

4. Wenn die ganze Leinwand ausgearbeitet ist, malt man weiter, wobei ständig die einzelnen Partien miteinander verglichen werden. Bei den Pausen, die man ab und zu einlegen sollte, ist es sinnvoll, vom Bild etwas Abstand zu nehmen. Man versucht dabei, sich mögliche andere Farbstriche vorzustellen, um diese dem Bild anzupassen. Andere Übermalungen folgen, bis wir die gewünschte Wirkung und Harmonie erreicht haben.

Nach ungefähr demselben Prinzip ist die links abgebildete Landschaft gemalt. Versuchen Sie bitte, die Entstehung des Bildes gedanklich zu rekonstruieren. Schauen Sie genau die einzelnen Pinselstriche an: Wie wirken die Farbfragmente aufeinander, und wodurch werden die Licht-Schatten-Kontraste erreicht?

Jagstlandschaft

Malen im Freien

Um im Freien angenehm und erfolgreich zu arbeiten, achten Sie darauf, daß weder die Staffelei noch das Bild in der Sonne stehen. Sonnenlicht auf der Leinwand stört und blendet Sie bei der Wahrnehmung der richtigen Farbtöne. Rechnen Sie auch damit, daß das Licht nicht stehenbleibt und sich verändert, da die Sonne wandert. Dementsprechend ändern sich ständig die Licht- und Schattenverhältnisse auf dem gemalten Objekt.
Organisieren Sie Ihren Arbeitsplatz bequem, um ohne ärgerliche Unterbrechungen malen zu können.

Skizze

In diesem Bild haben wir es neben einer Landschaftsdarstellung mit Architektur zu tun. Dies bedeutet für den Maler eine zusätzliche Aufgabe: Die Darstellung einer Architekturlandschaft verlangt eine genauere Vorzeichnung. Die Skizze auf dieser Seite ist sehr genau ausgearbeitet. Eine besondere Rolle spielt in diesem Bild die Perspektive.
Skizziert und vorgezeichnet wird erst mit ganz leichten Linien: Man deutet nur die groben Umrisse der Architekturen

an und findet den Fluchtpunkt bzw. die Fluchtpunkte. Erst dann zeichnet man die perspektivischen Linien ein. Nun können wir Häuser und andere Formen ausarbeiten und einige Details andeuten.

1. Die Vorzeichnung, die Sie auf dem oberen kleinen Bild auf Seite 49 auf der Staffelei sehen, erfolgt mit einer kalt-grauen Farbe (hier: Paynesgrau) im Format 58 cm x 47 cm.
Gerade bei dieser Komposition müssen die Größenverhältnisse zwischen dem Ufer und der Häuserreihe einerseits und dem Himmel-Wasser-Anteil andererseits sorgfältig gefunden werden. Eine wichtige Rolle spielt die ungerade Uferlinie. Die weiche Silhouette der Kirche bietet eine schöne Möglichkeit, die Komposition nach links abzuschließen. Die kahlen Büsche und Bäume am Ufer werden rein schematisch dargestellt. Es geht beim ersten Schritt lediglich darum, ihre Plazierung zu finden. Es wäre sinnlos, sie genauer zu zeichnen, weil die Linien beim nächsten Malvorgang wieder verschwinden würden.

2. Nun gehen wir auf die wichtigsten Tonwert- und Farbverhältnisse der Bildmitte ein. Die Dächer, ein wenig Stadtmauerreste und der Himmel werden angedeutet. Dies sind sehr starke, fast komplementäre Kontraste, die das farbige Leben des Bildes ausmachen.

3. Wir arbeiten anschließend vor allem die Lichtpartien des Bildes weiter aus: die Reste der Stadtmauer und die beleuchteten Fachwerkwände. Diesen warmen Lichtpartien werden die kalten Schattenstellen, die etwas weiter ausgearbeitet werden, entgegengesetzt. Auf diese Weise entsteht ein sehr wichtiger Warm-Kalt-Kontrast. Ein ähnlicher Kontrast ist im Vordergrund zu sehen: das kalte Wasser und die warm beleuchteten trockenen Gräser am Ufer.
Bitte vergleichen Sie diese Kontraste und die beschriebenen Partien im Bild. Wo sind die Kontraste stärker? Welche Komplementärkontraste finden Sie?
Jetzt werden Himmel und Wasser weiter ausgearbeitet. Büsche und Bäume malen wir zwar etwas weiter, warten aber mit ihrer genauen Ausarbeitung, solange die Häuser noch nicht fertig sind.
Ich möchte besonders auf das Malen des Flusses eingehen. Das Wasser wird erst mit breitem Pinsel pastos gearbeitet. Dabei malt man extra grob, skizzenhaft und farblich etwas übertrieben. Dann wird die Farbigkeit verstärkt, und Spiegelungen werden angelegt. Nach der vollständigen Trocknung (etwa nach 30 Minuten, da Acrylfarben draußen schneller trocknen) wird die ganze Wasserpartie lasiert. Bitte vergessen Sie nicht, daß jede lasierte Stelle dunkler wird! Bei der Lasierung versucht man schon, die Farbtöne des Wassers ohne die Reflexe zu treffen. Nach der Trocknung dieser Schicht arbeitet man mit pastosem Farbauftrag weiter, jedoch genauer und präziser als bei der vorherigen Farbschicht. Erst jetzt malt man die hellen Reflexe. Bei diesem letzten Malvorgang sehen wir uns Wasser, Strömung und alle Spiegelungen ganz

2. Schritt

genau an. Bei diesem Schritt betrachten wir mehr als wir malen.
Im Grunde genommen kann man das ganze Bild in dieser Pastos-Lasur-Pastos-Technik malen. Bei diesem Bild wurden, neben dem Wasser, zum Teil Dächer, einige Schattierungen rechts und Teile des Himmels mit Lasierungen gemalt.

Bei einer Landschaft wie dieser spielt die Räumlichkeit eine entscheidende Rolle. Sie entsteht durch:

- ✗ Komposition und geometrische Perspektive
- ✗ Luftperspektive
- ✗ Farbauftrag

Komposition und geometrische Perspektive habe ich bei der Zeichnung der Skizze auf Seite 49 erwähnt. Auf die Luftperspektive gehe ich nun näher ein:
Die dicken Luftschichten sind nicht völlig transparent. Darum verlieren Formen und Objekte, die weit von uns entfernt sind, an Farbintensität. Sie erscheinen undeutlich, heller und blauer als nahe Objekte. Genau nach diesen rein optisch-physikalischen Prinzipien malen wir: So sind z. B. die Häuser im Vordergrund kontrastvoller. Mit jedem weiteren Schritt in die Tiefe des Raumes werden die Kontraste schwächer. Die von uns weit entfernte Kirche sehen und malen wir relativ hell in grau-blauen Farben. Die starken, in der Natur vorhandenen Kontraste an der Wand des Fachwerkhauses helfen uns, dank der Komposition dieses Räumlichkeitsempfinden noch zu verstärken.
Allerdings darf man beim Malen nicht vergessen, daß in unserem Bild auch andere kontrastvolle Partien, die uns näher liegen, existieren: Büsche, Wasser und vor allem am Uferrand die Eisreste. Dementsprechend malt man die Fachwerkwand kontrastvoll, aber so, daß die Eiskontraste noch stärker werden können.
Nach der gleichen Logik werden auch die Details gestaltet: vorne werden sie maximal ausgearbeitet, hinten minimal. Geradezu ideale Möglichkeiten dazu bieten das Fachwerk und die Büsche am Ufer in den unteren Abschnitten, die sich dort deutlich gegen das hellgelbe Gras abheben.
Während des letzten Malvorgangs treten wir häufig ein paar Schritte zurück, vergleichen noch einmal alles und machen letzte Farbkorrekturen. Es kann sich als durchaus sinnvoll erweisen, für diese abschließende Arbeit zwei bis drei Fotografien des Motivs zu machen. Sollte das Wetter wechseln, können Sie mit Hilfe dieser Aufnahme Ihr Bild zu Hause oder im Atelier fertigstellen.

3. Schritt

Im Gebirge

Aquarellartig malen

Wie bereits erwähnt, lassen sich Acrylfarben problemlos mit Wasser verdünnen, ohne daß sie dabei ihre hervorragenden Eigenschaften verlieren. Um mit Acrylfarben aquarellartig zu malen, können Sie spezielle Verdünner benutzen, es geht aber auch einfach nur mit Wasser. Aquarellieren mit Acryl ist sowohl auf der Leinwand als auch auf Aquarellpapier möglich. Oft ist es kaum möglich, eine Acrylarbeit auf Aquarellpapier von einem echten Aquarell zu unterscheiden. In diesem Kapitel besprechen wir anhand einer Gebirgslandschaft eine solche Arbeit.

Skizze

Auf dieser Seite sehen Sie eine Skizze der Komposition. Der geschwungene Weg führt in die Tiefe, die Zäune links und rechts werden uns die Möglichkeit geben, den Vordergrund kontrastvoll und detailliert auszuarbeiten. In der Mitte des Raumes stehen ein Landhaus und einige Bäume. Die Berge im Hintergrund werden wir möglichst transparent und leicht gestalten, um die Räumlichkeit zu betonen.

Die Vorzeichnung, auf die direkt gemalt wird, macht man möglichst leicht. Wenn Sie mit Bleistift arbeiten, müssen Sie damit rechnen, daß die dünnen durchsichtigen Farbschichten die Linien nicht ganz abdecken können. Ich empfehle deshalb, die Vorzeichnung ganz leicht anzufertigen und dafür einen mit Wasser vermalbaren Stift zu verwenden (*aquarellable*). Die Linien werden dann praktisch spurlos verschwinden.

1. Schritt

1. Das Format der Gebirgslandschaft ist 41 cm x 31 cm. Erst malen wir, ganz leicht und naß in naß, den Himmel und den Hintergrund. Dazu feuchten wir diese Stellen an und malen mit mehreren Farben. Verwenden Sie niemals nur eine Farbe für eine Himmelspartie! Nun werden die ersten Schichten im Vordergrund angelegt, wobei wir helle Stellen aussparen. Dabei gilt es, die Licht-Schatten-Verhältnisse zu beachten. Der Zaun links beispielsweise steht im Licht, ist also hell. Der rechte Zaun dagegen ist relativ dunkel, da man hier gegen das Licht schaut.

Bei der aquarellartigen Malerei können wir die Farbtöne leicht umgestalten. Darum: Achten Sie auf die Tonwertkontraste! Eine dunkle Stelle kann man nicht mehr hell machen, ohne Weiß zu verwenden. Und bei der Aquarellmalerei verzichtet man auf Weiß. Die weiße Farbe wird durch das weiße Papier oder die weiße Leinwand ersetzt.

Nach diesem ersten Schritt haben wir den Hinter- und den Vordergrund angedeutet, die Bildmitte ist bis jetzt noch nicht ausgearbeitet.

2. Schritt

2. Auf der Abbildung auf dieser Seite ist zu erkennen, daß nach dem Trocknen der ersten Schicht der Zaun links in Gelbtönen sowie der rechte Zaun und die Bäume weiter gemalt wurden. Nun wenden wir uns der Bildmitte zu. Hierzu vergleicht man den Hinter- mit dem Vordergrund. Vom Kontrast her liegt die Mittelpartie genau dazwischen. Wir legen in diesem Bereich zuerst die Schattenseiten der Häuser an. Stellenweise bilden nun leichte, farbige Lasierungen die zweite Schicht. Der Berg im Hintergrund, die grünen Schattenpartien hinter dem linken Zaun etc. werden so gestaltet. In der Bildmitte sehen Sie einige Flecken, die durch das Einfügen von kleinen Stückchen Toilettenpapier in die noch nasse Farbe entstehen. Versuchen Sie selbst auf einem Probeblatt ein solches Experiment. Sie können Papiertuchstücke, Sägemehl, Reiskörnchen oder ähnliches in die noch frischen, stark verdünnten Farbschichten geben. Solches Material saugt das Wasser auf oder konzentriert es um sich herum, wodurch interessante Strukturen und Flächen entstehen. Die hier entstandenen Effekte sollen die entfernten Bäume darstellen.

3. Schritt

3. Hier ist das fertige Bild zu sehen. Verfolgen Sie bitte selbst die weitere Entwicklung der einzelnen Partien. Welche Farbschichten kamen dazu?

Ich halte es für sehr wichtig, daß Sie weitere Experimente mit aquarellartigem Farbauftrag durchführen. Ein solcher Malvorgang läßt sich beispielsweise mit einem späteren Auftrag von pastosen Farben kombinieren.

Oder Sie versuchen, Aquarell- und Acrylfarben miteinander zu verwenden. Erkundigen Sie sich bei Ihrem Fachhändler nach flüssigen Acrylfarben in Flaschen mit einer Pipette. In Kombination mit normalen Aquarellfarben ermöglichen diese äußerst interessante Effekte.

Stilleben mit Flaschen

Experimentelles Malen

In diesem Kapitel möchte ich Ihnen anhand eines Beispiels zeigen, daß es mit Hilfe von Acrylfarben möglich ist, ganz verschiedene Malstile kennenzulernen und dadurch neue, oft völlig unerwartete Effekte zu erzielen. Es versteht sich von selbst, daß es in einem solchen Buch nicht möglich ist, Ihnen alle Malstile zu zeigen. Verstehen Sie dieses Kapitel also als Anstoß für Ihre Experimentierfreude.

1. Zu den zwei Flaschen, die Sie bereits vom Malen von transparenten Gegenständen auf Seite 34 kennen, werden ein keramischer Teller und ein Apfel gelegt. Die Vorzeichnung (60 cm x 40 cm) erfolgt diesmal nur mit zwei blauen Farben: Ceruleum pur und für die dunkleren Schattenpartien Ceruleum mit etwas Kobaltblau vermischt.

2. Die Farben werden bei dieser Technik sehr massiv und pastos aufgetragen. Dadurch erscheinen die Formen verzerrt und unwirklich. Nach dem vollständigen Trocknen der Farbe werden die Positivformen farblich „angefüllt".
Achten Sie bei der ganzen weiteren Arbeit darauf, daß die Linien der Vorzeichnung erhalten bleiben, und malen Sie mit vollen, leicht abgerundeten Pinselstrichen.
Die Wahl des Farbtons ist in diesem Stadium praktisch frei, denn angedeutete Partien werden später noch mehrmals übermalt.
Die Negativform, also der Hintergrund, wird erst angedeutet und zwar dort, wo die Gegenstände mit ihr in Berührung kommen. Die Pinselstriche, die die Weinflasche modellieren, werden meistens „nach Form" gesetzt. Genauso wird der Teller gemalt.

1. Schritt

2. Schritt

3. Schritt

4. Schritt

3. Nun werden beide Flaschen mit Übermalungen fertig oder fast fertig gemalt. Auch der Apfel nimmt langsam Gestalt an.
Beachten Sie dabei, daß unabhängig von der Wahl der Farbe für einen Gegenstand die Gesetze der Malerei nicht außer Kraft gesetzt werden.
Auch hier achtet man auf die Tonwert- und Farbkontraste. Der von oben beleuchtete Apfel weist im oberen Bereich einen Kontrast zu der dunkleren Terpentinflasche auf und wirft einen Schatten auf den Teller. Nach den gleichen Gesetzen werden auch die Flüssigkeiten in den Flaschen gemalt. Das transparente Etikett mit der goldenen Umrahmung und Beschriftung wird genau ausgearbeitet.

4. Den Hintergrund stellen wir ganz abstrakt dar. Farblich und kontrastmäßig wird er den Flaschen angepaßt. Etwas dunkler und ruhiger am Rande, leitet er den Blick des Betrachters zur kontrastvollen und spannenden Bildmitte.
Bitte vergleichen Sie die Malvorgänge bei der realistischen Darstellung (Seite 34) mit denen des experimentellen Malens (Seite 58 bis 61): Welche Prinzipien in beiden Malstilen bleiben gleich, und welche ändern sich? Bitte versuchen Sie Schritt für Schritt, die einzelnen Fragmente und Gegenstände miteinander zu vergleichen.

Auf der oberen Abbildung rechts sind drei Äpfel in drei verschiedenen Ausführungen und Farbgebungen zu sehen. Vergleichen Sie bitte diese drei Darstellungsformen des Apfels mit dem Stilleben mit Flaschen links daneben. Stellen Sie sich vor, daß Sie einen dieser drei Äpfel in dieses Stilleben übertragen. Die prinzipielle farbliche Änderung eines Gegenstandes muß eine Kettenreaktion der Veränderung im ganzen Bild verursachen. Welche farblichen Veränderungen im Stilleben können Sie sich vorstellen?

Rahmung

Der Rahmen und seine Rolle

Die Rahmung Ihres Bildes spielt eine wichtige Rolle. Der Rahmen trennt das Bild von der Wand und verbindet gleichzeitig das Gemälde mit dem Raum und dem Interieur. Man kann den Rahmen durchaus als Brücke zwischen Ihrem Bild und der Umgebung bezeichnen. Außerdem kann der Rahmen die räumliche Wirkung des Bildes verstärken und die Blicke des Betrachters auf das Bild lenken: Er präsentiert also das Bild.

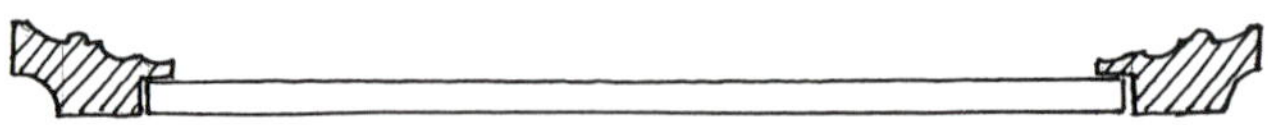

„Klassischer Rahmen"

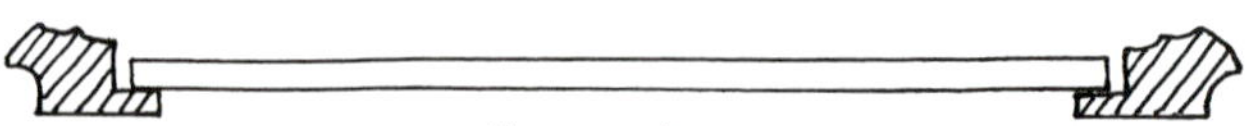

Kastenrahmen

Die „klassische" Rahmung

Unter der sogenannten klassischen Rahmung versteht man eine Rahmung, bei der der Rand des Bildes durch den Rahmen bedeckt und der Keilrahmen des Bildes in den Falz des Rahmens eingeführt wird (Abbildung links oben). Das Bild wird mit mindestens (je nach Format) vier schmalen Blechstreifen am Rahmen befestigt.

Wenn Sie Ihr Bild selbst rahmen, achten Sie darauf, daß das Falzmaß einige Millimeter größer als das Bildmaß ist. Dies wird unnötige Spannungen vermeiden.

Der Kastenrahmen

Der Kastenrahmen ist ein Rahmen, in dem Rand und Seitenrand des Bildes zu sehen sind (Abbildung Seite 62 links unten). Diese Rahmung ist besonders zu empfehlen, wenn auch der Seitenrand bemalt wurde.
Auch den schmalen Schlitz zwischen dem Bild und der Rahmenleiste kann man dabei farblich gestalten.

Aufhängung

Um mögliche Verbiegungen und Verzerrungen des Bildträgers zu vermeiden, bringen Sie die Aufhängung, egal welcher Art (Hacken, Seil etc.) nicht am Keilrahmen, sondern nur am Rahmen an.
Lassen Sie sich bei der Wahl des richtigen Rahmens für Ihr Bild von einem Fachmann beraten. In einem Rahmengeschäft wird man Ihre Fragen sicher gerne beantworten.
Mit einiger Erfahrung und etwas handwerklichem Geschick werden Sie Ihre Bilder bald selbst einrahmen können.
Grundsätzlich sind Fertigrahmen günstiger als Maßanfertigungen. Es macht nicht viel Mühe, ein Bild einem solchen Rahmen anzupassen und es zu fixieren.
In Geschäften für Künstlerbedarf gibt es außerdem unkolorierte Rahmen und Rahmenleisten zu kaufen. Mit diesen können Sie ein Unikat herstellen, das Sie Ihrem Gemälde farblich anpassen.

Ein gerahmtes Bild wirkt besser, wenn der Rahmen einen Streifen oder einen Hauch des Farbtons aufweist, der auch im Bild enthalten ist. Er kann den Rahmen auch dominieren, allerdings in einem etwas abgestuften Ton.
Bitte beachten Sie, daß der Rahmen immer dem Bild untergeordnet sein muß. Er darf nicht dominieren, sondern muß die Wirkung des Bildes unterstreichen.

Die Passepartout-Rahmung

Wenn Sie mit Acrylfarben auf Aquarellpapier malen, dann empfehle ich Ihnen eine Rahmung mit Passepartout. Entsprechende Rahmen sind in Baumärkten und Fachgeschäften zu erwerben. Achten Sie darauf, daß der Passepartout-Karton und die Rückwand säurefrei sind. Wenn dies nicht der Fall ist, werden im Laufe der Zeit auf Ihrem Bild Vergilbungen und bräunliche Flecken entstehen.

Der 1959 in Jekaterinburg geborene Baltendeutsche Nik Golder studierte zwischen 1982 und 1990 Malerei und Kunstgeschichte. Seit seiner Einwanderung nach Deutschland 1990 ist er als freischaffender Künstler tätig. Er gibt Unterricht im eigenen Atelier in Widdern an der Jagst in den Fächern Öl- und Acrylmalerei, Mischtechnik und Aktzeichnen. Seit 1997 unterrichtet er an der Sommerakademie im Schloß Weikersheim Acrylmalerei.
Ausstellungen in Galerien und Museen in: Amsterdam, Basel, Berlin, Bremen, Frankfurt/M., Heidelberg, Heilbronn, Jagsthausen, Karlsruhe, Koblenz, Lindau/Bodensee, Los Angeles, München, Neudenau, Öhringen, St. Petersburg, Straubing, Stuttgart, Wiesbaden, Würzburg, Zürich u.a.

In der TOPPART-Reihe sind unter anderem folgende Titel erschienen:

TOPP 2287

TOPP 2288

TOPP 2358

Weitere Titel in Vorbereitung.